AF215726

©2020 Franziska Halmer

Herstellung und Verlag:

BoD- Books on Demand, Norderstedt

Fotos: Klaus Vosteen

ISBN: 9783750440272

Ein Bully-

Lexikon

#brunos_frenchyworld

Ein Dank an alle guten Menschen, die das
unbegreifliche Elend der schlechten
„Menschen" wieder ausgleichen und sich auf
ihre eigene, wunderbare Art für den Tierschutz
einsetzen.

Inhalt

Warum ein Bullybuch?

Hallo ihr alle,

diejenigen unter euch, die regelmäßig auf meiner Facebook oder Instagram Seite verfolgen, was ich den lieben langen Tag so treibe, dürfte diese Begrüßung bekannt vorkommen. Für all diejenigen, die auf irgendeinem anderen Weg zu diesem Buch gekommen sind, nochmal im Besonderen…

Hallo ihr anderen alle,

für alle die noch nie von mir gehört haben, mein Name ist Bruno und ich bin eine französische Bulldogge. In diesem Jahr werde ich fünf Jahre alt und ich lebe von Welpenalter an, bei meinen Zweibeinern zu Hause. Meine Zweibeiner sind Frauchen und Papa und wir haben schon richtig viel zusammen erlebt. So viel, dass Frauchen bereits ein Buch darüber geschrieben hat. Es heißt „Neustart" und wer es noch nicht gelesen hat, sollte dies natürlich unbedingt nachholen. Soviel mal zum Thema Werbung in eigener Sache. Frauchen hat in ihrem Buch aus ihrer Sicht geschrieben, aber in diesen Internetdings erzähle ich euch ja unser Leben aus meiner ganz eigenen, wuffigen Sicht. Menschen und Tiere haben sich ja meist ganz gut aneinander angepasst und können recht einträchtig miteinander leben. Das heißt aber nicht, dass sie sich auch immer verstehen, also ich meine Sprachtechnisch und so. Fangen wir doch einfach Mal bei meinem Namen an. Also ich weiß genau, dass ich gemeint bin, wenn jemand Bruno ruft. Meistens ruft jemand Bruno und dann kommt ein Wort hinterher. Dann weiß ich, was ich machen soll. Ob ich das Gesagte dann auch immer zeitnah und wortwörtlich umsetze, ist jetzt gerade ja nicht das Thema. Die meiste Zeit des Tages, nennen mich meine Menschen aber irgendwie anders. Zumindest denke ich das, da sie irgendetwas erzählen und mich dabei anschauen, anlachen oder anmeckern. Je nach Tonfall meiner Zweibeiner ändert sich der Name am Ende des Satzes. In den meisten Fällen scheinen es aber ganz nette Namen zu sein, Papa sagt immer Kumpel oder Stinkbär zu mir. Ich weiß dann, dass er mir irgendwas erzählt. Ich verstehe meistens nicht was, höre aber fast immer interessiert zu und filtere die überlebenswichtigen und interessanten Wörter für mich heraus. Diese wären beispielsweise Keks, Käse, Couch oder mampfen. So wie ich auf diese Wörter reagiere, könnte man doch glatt auf die Idee kommen, sie seien in Wahrheit meine Namen. Frauchen wiederum hat wieder andere Namen für mich. Bei ihr kommt es auf die Situation drauf an. Wenn wir kuscheln, was mindestens einmal am Tag für fünf Minuten unverzichtbar für uns beide ist, nennt sie mich Schatzemann, Schnute oder Bubi. Sollte es allerdings einmal vorkommen, was natürlich gaaanz ehrlich super selten der Fall ist, dass ich draußen etwas in meinen großen Ohren habe oder meine Nase einfach dafür sorgt, dass meine Ohren aussetzen, dann sagt Frauchen immer Sausack zu mir. Dann habe ich es meistens schon verbockt und muss gut Wetter machen. Bei Kleinigkeiten, also eigentlich bevor es Ärger gibt, nennt Frauchen mich bei meinem Brunonamen, allerdings in einem anderen Ton, den kann ich natürlich mit Worten schlecht beschreiben, aber das u hat dann so einen Unterton und das o wird ganz lang. Dann weiß ich, ich sollte besser machen was sie sagt. Beide meiner Menschen sagen auch mehrmals am Tag Eumel zu mir. Eumel ist wohl bestimmt mein Zweitname. Ich habe gehört bei Menschen gibt es so etwas. Wenn es das bei Hunden gäbe, würde ich wohl Bruno Eumel Halmer heißen. Also wie soll ich das erklären? Wenn ich rumeumel, dann wälze ich mich grunzend auf dem Teppich oder im Gras oder auf dem Sofa. Einfach weil ich mich wohl fühle und weil ich es kann. Wenn Frauchen und ich Blödsinn machen, wir uns also aus Spaß kabbeln, sagt sie auch immer Eumel zu mir.

Ihr merkt also schon, wie kompliziert das mit der Kommunikation zwischen Menschen und Hunden ist. Man munkelt, bei Bulldoggen sei das noch mal ein ganz anderes Kapitel. Immerhin müssen wir erst einmal gründlich abwägen, ob das vom Menschen Gesagte oder Geforderte, denn gerade in diesem Moment von irgendeinem Vorteil für uns ist, aber dazu komme ich später.

Vielleicht kommen wir einmal zu der Frage, wie ich nun auf die Idee gekommen bin, mein eigenes Bullybuch zu schreiben. Naja ganz ehrlich, ich kann ja nun wirklich schon viel, aber schreiben bzw. tippen zählt nun nicht zu meinen Fähigkeiten. Obwohl ich jeden Morgen bei Frauchen im Büro mit am Rechner sitze, wenn sie Emails liest, dürfte wohl jedem klar sein, dass ein Zweibeiner das für mich übernommen hat. Genauso klaro ist für mich, dass meine lieben Leserfreunde der Grund für mein Bullybuch sind, ihr habt mich darauf gebracht.

Meine Menschen sagen jeden Tag, wie froh sie sind, dass sie mich haben und was sie für ein Glück haben. Ich bin auch ein durchaus zufriedener Wuffi und deswegen teile ich meine Geschichten mit euch. Und weil so viele von euch immer ganz nette Sachen zurückschreiben und sich freuen und mitfühlen, als wären sie bei meinen Erlebnissen dabei, hat doch jeder was davon. Jeder sollte machen, was ihm guttut und was ihn glücklich macht. Wenn ich ein Mini bisschen dabei helfen kann, indem ich euch beim Lesen meiner Geschichten ein Lächeln ins Gesicht zaubern kann, habe ich ja mein Ziel schon erreicht.

Bei meinen Zweibeinern sorge ich eigentlich jeden Tag für einen Lacher. Ich verstehe zwar nicht immer warum, aber das sind die Momente, in denen sie Eumel zu mir sagen, und ein Eumel ist ja was Gutes. Ich helfe euch auch liebend gerne dabei, ein wenig mehr wie ein Hund zu leben, nämlich im Hier und Jetzt. Es ist toll die Momente zu genießen und sich an den kleinen Dingen zu erfreuen. Ihr Menschen macht das viel zu wenig. Kennt ihr das Bild, auf dem ein Mensch mit seinem Hund spazieren geht. Obwohl sie beide denselben Weg gehen, hat der Mensch den Kopf voll mit Dingen, die er in dem Moment gar nicht benötigt und der Hund erfreut sich einfach des Weges. Ich habe meinen Menschen schon beigebracht, wie man einfach nur läuft. Gerade Frauchens Kopf ist viel freier geworden, sie sieht jetzt manchmal die Welt durch meine Augen.

In einer Welt, wie die, in der wir leben, ist es wichtig etwas Gutes zu haben. Jeden Tag hört, liest und sieht man grausame Dinge von Menschen und Tieren, Krankheit und Leid, Missgunst und Neid, ui das reimt sich sogar. Also was ich damit sagen möchte, jeder hat das Recht sich an einer bekloppten, verrückten Bulldogge zu erfreuen und deswegen seid ihr bei mir genau richtig.

A

Alleine bleiben

Obwohl ich am liebsten immer und überall gerne dabei wäre und mich am wohlsten ganz nah bei meinen Menschen fühle, bin ich auch ganz gerne alleine. Das war nicht immer so. Denn als ich noch ein Kontrollfreak darstellte und die Beziehung zu meinen Menschen noch nicht so toll war, passte es mir natürlich gar nicht, wenn sie ohne mich weg gingen. Nicht dass ich jemals etwas kaputt oder schlimm Radau gemacht hätte, aber kontrollieren konnte ich sie ja nicht. Also versuchte ich eher hinterher zu kommen und folgte ihnen in jeden Raum. Doch mit der Zeit wurde es besser und meine Menschen blieben konsequent, also konnte ich mich auf sie verlassen. Schnell merkten sie, dass es von Vorteil ist, mich zu meinen Auszeiten zu nötigen. Seitdem bin ich nur noch ein Halbtagsbürobully und bin jeden Nachmittag alleine zu Hause. Und wisst ihr, was ich dann mache? Richtig, in Ruhe schlafen. Ich dürfte sogar auf dem Sofa oder im Bett liegen. Weil ich noch nie etwas angestellt habe, wenn ich alleine bin, stehen mir alle Türen offen. Doch ich liege immer auf meinem Kissen im Flur. Mittlerweile haben sie mir eine Höhle aus Holz drum herum gebaut und darüber eine Garderobe für Menschenfell, Jacken heißt das wohl. Denn gerade im Winter mag ich Höhlen gerne zum einkuscheln. Wenn sich meine Zweibeiner nach der Mittagspause anziehen, gehe ich schon von alleine in meine Höhle, denn dann fängt meine Mittagsschlafzeit an.

Wenn meine Menschen frei haben oder Wochenende ist und sie zu Hause sind, muss Frauchen mich manchmal in meine Höhle schicken. Auch wenn ich häufig auf dem Teppich oder sonst wo liege, kann ich nur in meiner Höhle richtig schlafen, an allen anderen Plätzen könnte ich ja was verpassen und bin immer neugierig. Also ist es eigentlich gut, wenn alle mal aus dem Haus sind und ich meine Ruhe habe.

Allergien

Seitdem ich denken kann, muss ich mir ständig meine Pfoten schleckern. Manchmal jucken sie, meistens riechen sie für mich aber nicht gut, sodass ich das unbändige Gefühl habe, sie sauber lecken zu müssen. Ich weiß, dass ich das nicht machen soll, denn davon werden sie rot, wund und dann knistig und das tut dann weh. Frauchen macht dann immer das Zaubersilber und Zinksalbe drauf. Früher bin ich auch einmal im Jahr quasi explodiert. Mein Körper war dann so voll von Dingen, die er nicht mag, dass meine Haut aufgegangen ist und die Sachen rauskamen. Das hat mir dann ganz schlimm gejuckt und wenn ich gekratzt habe, hat es geblutet und weh getan. Doch meine Menschen haben nicht aufgegeben, um mir zu helfen. Wir waren bei vielen Ärzten und haben unzählige Futtersorten ausprobiert. Eine Zeit lang hat Frauchen für mich gekocht, weil ich eine Ausschlussdiät machen musste, oder ich habe rohes Rehfleisch von unserem Jäger bekommen. Nach drei Jahren und ewigem Suchen hat Frauchen mein Futter gefunden. Außerdem sind wir in einer tollen Klinik gelandet, die haben richtig Ahnung. Dort haben sie mich auf den Kopf gestellt und mir den Darm saniert und seitdem ich jeden Morgen meine pflanzlichen Pülverchen in den Mampf bekomme, geht es mir sehr gut. Auch meine Ohren waren nie wieder entzündet. In der anderen Klinik haben die mir immer in den Ohren rumgemengt, ich hasse das und dann musste ich Salbe bekommen, das hasse ich noch mehr. Aber die Ärztin in der Klinik, die wie eine Villa ist, hat gesagt, ein gesunder Hund, hat auch gesunde Ohren. Sie sollte Recht behalten. Nach vielen Untersuchungen, Pieksern, Abschabselungen und lauter so doofen Sachen, wissen meine Menschen was ich mampfen darf und was leider niemals. Ich kann euch sagen, die Liste der erlaubten Sachen ist kurz. Umso mehr freuen sich meine Menschen, wenn ich mal was außer der Reihe darf und ich mich erst. Ich habe auch eine Allergie gegen Hausstaubmilben, aber da kümmert sich der Herr Dyson und die Waschmaschine drum.

Im Frühjahr, wenn das Gras zum ersten Mal hoch ist, bevor die Bauern bei uns mähen, bekomme ich lauter rote Pusteln am Bauch, weil ich da fast kein Fell habe. Quasi eine FKK-Plauze. Aber ich habe mitbekommen, dass viele Wuffis unter den Gräsern leiden. Obwohl Frauchen vermutet, dass die Bauern vorher etwas auf die Felder streuen, denn später im Sommer, habe ich dieses Problem nicht mehr. Wer weiß, wer weiß… Aber ich bekomme dann die Vera, also Aloe Vera auf die Haut geschmiert. Die bringen meine Zweibeiner immer aus Thailand mit. Dann noch ein feuchtes Tuch gegen den Juckreiz und es wird besser. Am meisten sind wir in dieser Zeit aber sowieso im Wald und versuchen die Wiesen zu meiden.

Wenn ich mir also nicht gerade etwas vom Boden klaue, wogegen ich allergisch bin, geht es mir mittlerweile richtig gut damit. Auch ohne Medikamente und Chemie, nicht so wie die meisten Ärzte immer meinen.

Apfel

Grundsätzlich kann ich nicht abstreiten, dass ich Futter, Leckerlis, Käse und Co einfach wie ein Staubsauger inhaliere. Kauen wird in diesem Fall völlig überbewertet. Frauchens kabelloser Dyson ist ein Witz gegen mich. Irgendwann kamen meine Menschen mit einem Anti-Schling-Napf nach Hause, wer den erfunden hat, gehört auch bestraft. Manchmal macht Frauchen mir die kleinen, leckeren, roten Kerne in den Napf. Ich habe den Verdacht, sie möchte mich damit nur beschäftigen. Irgendwann gebe ich auf und jemand muss mir helfen, sonst bekomme ich die niemals daraus.

Anders allerdings ist das bei Äpfelchen. Eigentlich generell bei Obst und Gemüse, aber Äpfelchen im Besonderen. Die kaue ich genüsslich klitzeklein, richtig mit Schmatzen und so. Frauchen hat einmal ein Beweisvideo gemacht, ich habe an einem Stück fast eine Minute lang gekaut. In dieser Zeit würde ich im Normalfall ein Steak mampfen, wenn ich dürfte. Weil ich ja so allergisch auf die meisten Leckereien reagiere und sonst alles habe, was das Bullyherz begehrt, habe ich letztes Weihnachten eine Obsttüte von Oma und Opa bekommen, da war auch ein Apfel drin und eine Nashibirne, yummi. Meine andere Oma schmuggelt manchmal Obst für mich mit in die Firma und gibt mir dann die bereits geschnittenen Leckerstückchen.

Apportieren

Meinen großen Batmanohren haben gehört, dass es Artgenossen geben soll, die wie verrückt apportieren können. Am unglaublichsten finde ich ja, dass es Wuffis gibt, die mit auf die Jagd gehen und das geschossene Wild suchen, finden und unversehrt zurückbringen. Egal ob im Wald oder im Wasser. Ganz besonders schlaue, können sich beim Zusehen merken, wo z. B. die getroffenen Vögel heruntergefallen sind. Die absolute Krönung ist ja aber, dass sie den Tieren kein Haar oder keine Feder krümmen. Sie bringen es einfach zurück ohne auch nur mal dran zu schlecken. Also ich würde mich gebührend beim Jäger für den Schuss bedanken und dann mal genüsslich das Festmahl einläuten.

Andere wiederum finden ja Bälle ganz grandios. Kennt ihr die Balljunkys die diese großen Pupillen und den absoluten Tunnelblick bekommen, wenn sie einen Ball sehen. Sobald meine Menschen mir einen Ball werfen, renne ich genau einmal hinterher, weil ich sehen mag, was es war. Vielleicht bringe ich ihn auch zurück, einmal. Während sie den Ball dann beim nächsten Mal selbst zurückholen müssen, geht ihnen durch den Kopf, dass Verletzungen jeglicher Art mit Bällen bei mir kein Problem sein werden. An dieser Stelle ein kleiner Wink mit dem Zaunpfahl an alle Menschen von Balljunkys, kauft nur Bälle die groß genug sind oder eine Kordel dran haben, falls die Sache mal in die Hose, ähm in den Hals geht.

Nichts desto trotz, bin ich ein Apportiermeister. Im Ernst, ich kann es richtig gut, aber nur mit meinem über alles geliebten Futterdummy. Frauchen macht mir da immer Käse rein und für Käse mache ich ja bekanntlich alles. Der Dummy ist die größte Belohnung für mich und den bringe ich liebend gerne wieder zurück. Manchmal darf ich ihn direkt holen, manchmal muss ich warten, bis Frauchen das Kommando gibt und manchmal ruft sie während ich schon renne, einfach Stopp und erst wenn ich anhalte, bekomme ich Käse. Wenn ich den Dummy zurückbringe, schüttele ich ihn erst mal kräftig, töten heißt das in Hundesprache. Gelegentlich fliegt er dabei über mich hinweg und ich muss nochmal zurück. Frauchen lacht sich dann immer schlapp. Bullytastisch ist es auch, wenn man mir den Dummy irgendwo versteckt. Ich warte dann ganz brav auf dem Platz der mir zugewiesen wurde auf das Wort „such" und dann geht's los. Meine Nase klebt dann auf dem Boden und ich höre mich an wie ein Trüffelschweinchen. Manchmal muss mir jemand helfen, aber meist finde ich ihn und bringe ihn ratz fatz zurück. Der Futter Dummy ist schon eine der tollsten Erfindungen.

Autist

„Mein kleiner Autist" sagt Frauchen manchmal zu mir. Natürlich meint sie das nicht böse und wenn wir ehrlich sind, mag sie Rituale und Orientierung genauso gerne wie ich. Ebenso mag sie auf Anhieb keine neuen Situationen oder Menschen. Wer das also von dem anderen hat, lassen wir einfach mal so stehen. Ich mag eben nicht so gerne neue Dinge und wenn ich klar weiß was ich machen soll, fühle ich mich wohler. Daraus haben sich ebenso ein paar Angewohnheiten ergeben, die ich wohl auch noch haben werde, wenn ich ein Bully Opa bin.

Als ich z. B. ein Welpe war, durfte ich nicht im Bett schlafen, was das für eine Bully Quälerei war, könnt ihr euch ja denken. Mein Körbchen stand damals auf Papas Bettseite, weil der nachts immer mit mir raus gegangen ist. Da ich aber nichts unversucht lassen wollte um auch in dieses kuschelige warme Wasserbett zu kommen, bin ich also jeden Abend ums Bett herum, an Frauchens Seite getapselt und habe den leidenden Welpen gespielt. Leider blieb Frauchen hart, denn ihr Schlaf ist ihr heilig. Aber sie hat mir jeden Abend mein Lätzchen gestreichelt, weil da das weichste Fell an mir ist und ich dann geschnurrt habe. Das hat sie so lange gemacht, bis ich ganz müde war, freiwillig in mein Körbchen geschlichen bin und mich meinem elenden Schicksal ergeben habe. Frauchen hat in ihrem Buch ja bereits geschrieben, wie ich mir später meinen Platz im Bett erobert habe. Soviel zum Thema hart bleiben. Damit ich nicht immer so ungünstig runterspringe und dabei auf dem Boden rutsche, habe ich auch eine Treppe bekommen. Damit das schon mal geklärt ist. Allerdings verspüre ich regelmäßig das wohlige Gefühl ein Welpe sein zu müssen und gehe auf dem Weg ins Bett einen Umweg und stelle mich am Frauchens Seite, damit sie mir mein weiches Lätzchen krault, wie früher.

In meinem Rabaukenalter war ich oft etwas stürmisch und überdreht, sodass ich wie ein Tornado ins Haus gewirbelt kam. Zwischen Eingang und Wohnzimmer gibt es bei uns noch zwei Türen und wehe die waren auf, dann gab es kein Halten mehr. Wenn sie angelehnt waren, kam der Bulldozer und hat sie aufgedrückt. Gerade nach einem aufregenden und erlebnisreichen Spaziergang, bekam ich meine fünf Minuten. Ich musste alles verarbeiten und drehte völlig durch. Das ist im Übrigen auch heute noch der Fall. Frauchen fand das damals gar nicht lustig, erst recht nicht, wenn ich meine dollen Minuten, eingewutzt im Wohnzimmer bekommen habe. Also gehe ich seitdem nach der Gassi Runde in den Garten und lasse es krachen. Außerdem hat sie mir damals beigebracht auf dem Teppich im Flur zu warten, bis sie sich ausgezogen hat, meine Pfoten sauber und ich somit auch wieder ruhig und zurechnungsfähig war. Heute sagt sie nie etwas zu mir, wenn wir zur Tür hereinkommen, doch ich setze mich immer auf den Teppich im Flur. Warum? Weil es doch immer so war und das mag ich.

Ich hasse es, wenn sie mein Kissen im Flur wäscht, warum macht sie so etwas? Ich mag alle meine Sachen, so wie sie sind. Manchmal bin ich deswegen so beleidigt, dass ich lieber eine Woche vor dem Kissen auf dem Boden schlafe. Damit sie mal sieht, was sie davon hat. Ähm irgendwie nichts, deswegen gebe ich dann irgendwann auf.

Genausowenig kann ich es leiden, wenn in meinem Revier irgendetwas anders ist. Stellt euch vor, einmal hatten die Nachbarn ein Ungeheuer im Vorgarten. Ich habe es entdeckt und ordentlich Alarm geschlagen. Im Ernst, Frauchen hat gesagt, es sei ein Waschbecken und ich ein Angsthase. Aber mal ehrlich, wer stellt denn ein Waschbecken in den Garten, das gehört da einfach nicht hin.

Eine Zeit lang habe ich mich etwas sehr dolle angestellt. Ich wollte jeden Tag dieselbe Runde gehen und wenn an einem Tag etwas Besonderes an einer Stelle war, dachte ich, es müsse am nächsten Tag genauso sein. Ich musste immer den Kontrolletti machen und nachsehen. Und wehe Frauchen wollte an einer Kreuzung einen anderen Weg gehen, da bin ich in den Sitzstreik getreten. Auch bei Bodenverhältnissen, auf denen ich im Normalfall niemals Sitz machen würde. Irgendwann hat Frauchen dann beschlossen, dass wir Abwechslung benötigen und uns den unbekannten Wegen stellen müssen. Recht hatte sie, neue Wege sind aufregend und spannend. Man kann viele neue Sachen entdecken und das schweißt uns mehr zusammen. Heute gehen wir, wenn möglich jeden Tag einen anderen Weg und meistern jedes neue Hindernis zusammen, weil wir uns aufeinander verlassen können. Trotzdem setze ich mich von allein auf den Teppich, wenn wir nach Hause kommen und tapse abends an Frauchens Bettseite, weil das eben schon immer so war. Obwohl meine Menschen und ich uns immer weiter entwickeln, müssen manche Dinge eben so sein, wie sie sind.

Auto fahren

Auto fahren ist eines meiner liebsten Beschäftigungen. Schon als meine Menschen mich damals als kleinen Bullwelpen abgeholt und mit nach Hause genommen haben, mussten wir acht Stunden fahren. Ich lag also acht Stunden auf Frauchens Schoß, das war was damals, das war bestimmt meine aufregendste Fahrt.

Fortan durfte ich nun immer auf dem Beifahrersitz mitfahren. Natürlich mit Geschirr und angeschnallt. Safety first und so, ganz klaro. Irgendwann benötigte Frauchen ein neues Auto, weil ich meist bei ihr mitfahre und zu groß für den Beifahrersitz wurde. So bekam ich also einen tollen Platz auf der Rücksitzbank, wo ich, kaum losgefahren, schon gemütlich liegen konnte. Auch auf der Arbeit bekamen wir zum Glück ein noch größeres Auto, denn ich bin oft mit Frauchen unterwegs und darf mich vorne auf der Sitzbank breit machen. Egal wie lange wir fahren, Hauptsache ich darf mitfahren. Am allerliebsten mag ich am Autofahren, dass ich nichts kontrollieren muss und genau weiß wo mein Platz ist. Keiner nervt mich, quatscht mit mir oder fuchtelt an mir herum. Ganz ehrlich, ich mag ja alle Menschen um mich herum, aber manchmal sind Menschen und ihre Sprache auch anstrengend und manche verstehen mich nicht. Also lasse ich vieles über mich ergehen, auch wenn mir gerade nicht danach ist. Aber im Auto haben wir unsere Ruhe und meistens fahren wir irgendwohin, wo es etwas zu entdecken gibt. Entweder fahren wir zum Laufen oder jemanden besuchen oder machen sonst irgendetwas Aufregendes. Mit dem Auto fährt man wohin, wo es Spaß macht, also komme ich doch gerne mit. Ich bin beim Autofahren wohl einer der entspanntesten Hunde überhaupt. Auch wenn ich so gut wie nie schlafe, liege ich doch meist dösend in der Gegend herum. Nur wenn wir anhalten, erhebe ich mich Mal, um zu schauen, was es draußen so gibt. Leider geht es nicht allen Wuffis so, ich habe gehört, machen wird es richtig übel und so.

Auch wenn ich im Auto warten muss, bin ich ein Vorzeigebully, weil das Auto mein sicherer Platz ist.

Der beste Beifahrer bin ich auch im Stau. Ein Bully an der Seite des Fahrers entspannt immer. Warum soll man sich auch über den Stau aufregen, davon geht er ja auch nicht weg. Wenn ich dann Mal sitze und aus dem Fenster schaue, habe ich eine 100 % Quote im Autofahrer zum Lächeln bringen. Dabei mache ich doch gar nichts, ich schaue nur aus dem Fenster und schon sind alle erheitert. Ein Bully kann also auch etwas

Gutes für andere tun, auch wenn er gerade eigentlich nichts tut.

B

Banane

Keine Sorge, ich möchte euch nicht zu jedem Buchstaben eine Obstsorte beschreiben. Ich liebe ja jedes Obst und Gemüse, also eigentlich mag ich jeden Mampf. Allerdings sind ein paar wenige Obstsorte besonders erwähnenswert. Die Banane zahlt definitiv dazu. Frauchen ist genauso wie ich und mampft fast alles, aber bei Bananen ist sie raus. Sie kann sie noch nicht mal riechen. Papa und ich mögen Bananen aber sehr gerne und können also froh sein, dass Frauchen sie uns wenigstens kauft und wir zum Schleckern nicht vor die Tür gehen müssen. Natürlich darf ich nicht zu viel Banane futtern, sonst gibt es Verstopfung. Aber gesund ist sie trotzdem. Frauchen hat schon oft gelesen, dass Wuffis so Zitteranfälle bekommen, weil denen irgendetwas fehlt. In der Banane ist das drin und die hilft dann. Ich hatte so etwas noch nie und werde das wohl auch nicht bekommen, denn Papa teilt immer seine Banane mit mir. Nicht jeden Morgen, aber sehr oft. Da ich nie weiß ob welche im Haus ist, beobachte ich ihn beim Frühstück ganz genau. Manch einer würde es betteln nennen, ich sage dazu beobachten und Lage sondieren. Wenn Papa dann das magische Wort „Barrnarne" sagt, und ja er sagt es wirklich so, das ist kein Schreibfehler, geht der Schleck los. Da die gelbe Schleckerstange so weich ist, sind meine Stückchen immer ganz flott weg gemampft. Aber lecker ist es und es ist unser Männerding, denn das machen nur Papa und ich.

Batman

Wenn ich in der Sonne stehe und hinter mir der Schatten auf den Boden fällt, sie dieser aus, wie der von Batman. Wegen den Ohren, versteht ihr? Das Frauchen eine kleine Sucht für Hundezubehör hat, kann keiner abstreiten. Ich habe so viele Kissen, Halsbänder, Leinen, Geschirre, Jacken und Pullis, es könnten noch ein ganzes Rudel hier einziehen. Aber man muss auch dazu sagen, dass es nicht einfach ist, für mich etwas Passendes zu finden. Der Körperbau der Bulldogge bedarf schon spezieller Maße. Außerdem sortiert Frauchen von Zeit zu Zeit alles aus und verkauft die Sachen für den Tierschutz und bringt sie ins Tierheim.

Im Laufe der Zeit haben sich ganz viele Batman Sachen angesammelt. Frauchen sagt nämlich, ich sei ihr kleiner Superheld. Mir ist egal, worauf ich schlafe, worin sie meine Leckerlis aufbewahrt oder auf welcher Decke ich im Auto liege. Aber wenn es die Menschen glücklich macht, soll es mir recht sein. Viele Menschen schmunzeln, wenn ich ihnen mit meinem Batman Geschirr begegne, und wenn ich ihnen ein Lächeln ins Gesicht zaubern kann, hatte es doch schon seinen Sinn. Wenn wir zum Tierarzt müssen, bekomme ich immer die

Batman Kollektion an. Halsband mit passender Leine, nicht das ihr denkt ich laufe im Batmancape rum. Alle freuen sich dann immer und sprechen darüber, so ist Frauchen abgelenkt und entspannter, also bin auch ich entspannter. In Wahrheit bin ich ja eher ein Angsthase, aber das müssen wir ja keinem verraten. Waren nicht viele Superhelden im wahren Leben unscheinbar. Ich glaube meine Menschen haben noch niemals einen Batman Film gesehen, aber das brauchen sie ja auch nicht, sie haben ja mich.

Betteln

Vorab möchte ich erwähnen, dass ich nicht bettele im normalen Sinne. Ich mache meinen Menschen mit meinem Verhalten lediglich so ein schlechtes Gewissen, dass sie vielleicht irgendwann einknicken und mir etwas von ihrem Essen abgeben. Immerhin bin ich ziemlich abgemagert und stehe dauerhaft, kurz vor dem hungernden Erschöpfungszustand. Außerdem sind die Zweibeiner selbst schuld. Irgendwann muss ich ja mal etwas vom Tisch bekommen haben, sonst würde ich ja nicht hoffen, erneut etwas zu bekommen. Aber meine Menschen finden das meistens nicht schlimm, denn ich habe da so eine ganz charmante Taktik entwickelt. Wichtig ist, unauffällig zu sein. Wenn ich zu aufdringlich nerve, schickt Frauchen mich sofort weg. Also ganz leise anschleichen und dezent hinsetzen. Den speisenden Menschen nie aus dem Auge verlieren und genau beobachten. Gerade bei Papa fällt häufiger aus Versehen etwas runter. Tritt dies nicht ein, ebenso wenig wie Beachtung seitens der Zweibeiner, folgt Schritt zwei. Dezentes, minimalistisches Andeuten der Anwesenheit. Ich mache das meist am Bein unterm Tisch so zart wie die Berührung einer Feder. Keine Reaktion, dann zu Schritt drei- den Kopf auflegen. Bei Papa mache ich das am Stuhl, bei Frauchen auf den Füßen, da sie meist auf einem hoch geklapp Fuß sitzt. Erfolgt darauf immer noch keine Reaktion, stehen meine Chancen an diesem Tag schlecht und obwohl ich weiß, dass es nichts bringt, fange ich dezent an zu jammern. Die höchste und letzte Stufe der Verzweiflung ist dann die Pfote auf den Stuhl zu legen oder mit beiden Pfoten hoch zu klettern. Im Normalfall habe ich dann verloren und werde vom Tisch weggeschickt. Ich weiß eigentlich, dass ich nur Chancen habe, wenn ich in Stufe eins verweile und es überhaupt nur etwas auf dem Tisch gibt, wogegen ich nicht allergisch bin. Denn auch nur dann machen meine Menschen eine Ausnahme, weil sie sich freuen, wenn ich Mal etwas außer der Reihe haben darf. Das bekomme ich dann auch. Da mir aber die meisten Sachen so fürchterlich gut riechen, versuche ich mein Glück einfach. Weil ich so charmant dabei bin, können meine Menschen auch nicht ernst bleiben. Ganz besonders Papa fällt immer wieder drauf rein und bestärkt mich somit in meinem Vorhaben. Das heißt allerdings nicht, dass er mir dann auch etwas gibt. Manchmal ist Frauchen auch weniger nett und schickt mich schon vor dem Betteln auf meinen Teppich oder in die Küche. Da habe ich dann keine Chance.

Wenn die beiden kochen, bettele ich natürlich auch nicht. Ich stehe einfach maximal im Weg herum und positioniere mich so, dass ich die tollen Gerüche aufnehmen kann und hoffe, dass etwas runterfällt. Auch hierbei ist Taktik angesagt. Wenn ich mir etwas vom Boden klaue, was heruntergefallen ist, bekomme ich Ärger und werde sofort aus der Küche verbannt. Ich habe in der Küche auch ein Kissen und wenn ich dort brav sitze bekomme ich meistens etwas. Auf jeden Fall bekomme ich aber etwas, wenn ich die runter gefallenen Dinge liegen lasse. In der Küche stehen meine Chancen im Übrigen besser, etwas abzustauben, da Gemüse usw. im Rohzustand sind und ich das mampfen darf. Ihr merkt also, im Laufe der Zeit habe ich zugesehen, aus der Erfahrung gelernt und mein Verhalten stets verfeinert.

Bleib

Dieses Kommando sagt ja eigentlich jedem etwas. Jeder Hundemensch sollte es kennen und jeder Hund sollte es können. Doch warum ist das so? Wahrscheinlich, weil irgendwann ein

Hundetrainer festgelegt hat, dass ein Hund für Prüfungen jeglicher Art, eine gewisse Zeit lang an einem bestimmten Ort verweilen sollte. Grundgehorsam heißt das wohl.

Nun ja, was eine Bulldogge von Grundgehorsam hält? Mal überlegen... im Allgemeinen hören wir uns den „Vorschlag" des Menschen an und überlegen dann ausgiebig ob das Erwartete in diesem Moment oder generell zu irgendeinem Nutzen für uns dient und welchen Vorteil wir daraus ziehen können. Danach wird entschieden, ob eine Umsetzung in Betracht gezogen wird. Besonders wichtig hierbei sind für mich Wetterlage und Belohnung. Wer sagt denn aber, dass Grundgehorsam mit Strenge zu tun haben muss? Frauchen hat mittlerweile begriffen, dass es uns beiden Spaß machen muss, dann machen wir es beide gerne.

Natürlich kann ich „Bleib", wenn ich mich ganz doll anstrenge, sogar trotz sämtlicher Ablenkungen. Wenn ich mag, kann ich da auch schon mal ein richtiger Streber sein. Und wisst ihr warum? Weil Frauchen sich dann freut und stolz auf mich ist, wenn sie wieder zu mir kommt und mich lobt und mir Käse gibt.

Aber „Bleib" hat noch mehr spaßige Vorteile, oder was glaubt ihr wie die ganzen tollen Bilder zu meinen Geschichten in diesem Internetdings immer entstehen. Das ist nichts anderes, ich habe das durchschaut. Wenn ich an der Stelle bleibe, die Frauchen mir sagt und dann auch noch zu ihr schaue, freut sie sich, ich bekomme Käse und obendrein sagen dann alle noch wie süß und hübsch ich auf dem Bild aussehe. Da ich gerne im Mittelpunkt stehe, kommt mir das doch nur gelegen. Ich meine ganz ehrlich, belohnt werden für auf der Stelle bleiben. Na gut, ganz, ganz ehrlich mit viel Ablenkung ist das schon schwer. Gerade wenn Frauchen mit der Reizangel vor mir rumfuchtelt und mein inneren Bullyhund mir aber sagt, dass ich eigentlich gerne hinterher hetzen möchte. Aber das darf ich danach ja auch, deswegen lohnt sich das Warten.

Übrigens an dieser Stelle einen dicken Bullyknutscha an meinen langjährigen Kumpel Klaus, der die tollen Bilder für dieses Buch gemacht hat. Er war der Erste, von dem ich als kleiner Bullywelpe ein Geschenk bekommen habe. In der ersten Woche bei meinen Menschen, hatte er mich schon vor seiner Knipslinse. Frauchen kann ja nie genug Bilder von mir haben und ich habe mich riesig gefreut mit den beiden durch den Wald zu ziehen.

Zu Hause finde ich „Bleib" meistens erst Mal blöd. Aber meine Menschen wollen mir ja nur gut und mich z. B. vor dem heißen Backofen beschützen, obwohl mir das immer so lecker riecht, wenn die Ofentür aufsteht. Im Sommer muss ich immer auf der Terrasse bleiben, wenn der Rasen gemäht wird, dabei möchte ich das laute Benzinschaf doch aber so gerne verjagen. Wenn die Terrasse oder der Balkon sauber gemacht wird, darf ich auch nicht den Wasserschlauch beißen, weil ich nicht aufhören würde bis ich überlaufe oder ausrutsche und dann wieder Rückenaua habe. Dann muss ich auf der Treppe bleiben.

Oder sie schicken mich auf mein Kissen und ich schleiche mich manchmal heimlich wieder weg. Aber dann muss ich wieder zurück und dann mache ich ein Nickerchen. Das tut mir gut und ich verstehe dann, warum ich auf meinem Kissen bleiben sollte. Weil meine Menschen es nur gut mit mir meinen und sich meistens etwas bei dem denken, was sie mir sagen.

Bullyzei

Wer meine Geschichten regelmäßig verfolgt, hat auch schon einmal etwas von der Bullyzei gehört. Diese wird immer gerufen, wenn etwas nicht bullygerecht von statten geht.

Beispielsweise dürfen Bulldoggen bei Regen nicht vor die Tür geschickt werden, auch nicht, wenn sie ihr Geschäft erledigen müssen. In diesem Fall obliegt es den Menschen, sich eine adäquate Alternative zu überlegen.

Alles was essbar ist, muss mit der Bulldogge geteilt werden. Aufforderungen in Form von Anschauen, anstupsen oder Jammern muss unverzüglich Folge geleistet werden. Idealerweise sollte die Futterabgabe ohne jegliche Hinweise, von alleine erfolgen. Sollte der Bully anfangen zu sabbern, benötigt er die Leckerei noch zügiger und in größeren Mengen.

Alle gemütlichen Orte dürfen von der Bulldogge belegt und somit vollgehaart werden. Sonnendurchflutete oder vom Ofen angewärmte Plätze sind ausschließlich dem Bully zugesprochen.

Alles was herunter fällt oder angeleckt wurde, gehört automatisch der Bulldogge.

Die Spülmaschine ist beim Einräumen des Geschirrs stets weit offen zu lassen, da der Bully freiwillig und unentgeltlich das Vorspülprogramm übernimmt. Ebenso sind Mülleimer und Kühlschrank dauerhaft frei zugänglich zu lassen.

Bulldoggen liegen oder stehen nicht im Weg, sie verschönern den Raum. Menschen müssen immer um sie herum gehen.

Verfällt eine Bulldogge während einer Gassi Runde oder bei sonstigen Gelegenheiten in den Sitzstreik, weil sie einen anderen Weg einschlagen möchte, ist dem anstandslos Folge zu leisten. Immerhin scheint es irgendwo etwas Interessantes zu geben.

Wälzt sich der Bully in Kot, Dreck und tierischen Überresten, ist es als Bullyglitter mit

Parfümierung anzusehen. Auf keinen Fall darf die Bulldogge danach zur Dusche genötigt werden.

Es ist dafür zu sorgen, dass der Bully stets maximal im Mittelpunkt steht und je nach Belieben gekrault wird. Wirft sich die Bulldogge bei Annäherung auf die Seite, muss unverzüglich der Bauch gestreichelt werden.

Bei kalten Temperaturen benötigt ein Bully einen Bullypulli oder eine Jacke. Dies ist nicht nur aus stylischen, sondern aus gesundheitlichen Gründen wichtig.

Es ist streng verboten, Bullys bei ungeeigneten Untergründen ein "Sitz" oder gar ein "Platz" abzuverlangen. Sie haben kaum Unterfell, und Menschen setzen sich schließlich auch nicht ohne Hose bei Regen auf die Wiese.

Dies waren nur einige Beispiele, die für unser Überleben notwendig ist. Natürlich gelten sie für alle Wuffis. Sollten diese Regeln für das reibungslose Zusammenleben zwischen Menschen und Hund nicht oder nur teilweise eingehalten werden, ist die Bullyzei zu informieren. Natürlich gehöre ich auch dazu und patrouilliere regelmäßig durch mein Revier. Damit das auch jeder weiß, hat Frauchen das nämlich auch auf meinen Bullypulli und meine Softshelljacke drucken lassen. Wisst ihr Bescheid, immer alles fein zum Wohle eurer Fellnasen machen.

Bürobully

Ich habe das große Glück mit meinen Menschen auf die Arbeit zu dürfen. Da Papa die Firma gehört und im Büro viel Platz für mich ist, gibt es da null Probleme. Ein Wuffi am Arbeitsplatz sorgt für entspanntere Mitarbeiter. Bei uns ist das auch so. Opa und Oma lassen sofort alles stehen und liegen, wenn sie mich sehen und streicheln mich erst ausgiebig, bevor es weiter geht. Für mich ist das auch gut, denn ich muss nicht den ganzen Tag alleine zu Hause bleiben. Das heißt nicht, dass im Büro immer jemand ist, eigentlich sind alle meistens in der lauten, schmutzigen Halle, wo ich nicht hin darf. Aber ich weiß, dass jemand da ist.

Wenn wir morgens ins Büro kommen, macht Frauchen erst mal sauber, weil die kleinen bösen Glitzerspäne von der Halle ins Büro kommen und die sind nicht gut für meine Pfoten. Danach darf ich auf ihren Schoß und wir lesen Emails und bearbeiten die Bestellungen. Sie kann schon sehr gut einhändig auf der Tastatur tippen, aber wenn sie viel zu schreiben hat, muss ich runter. Ich darf dann meistens an meinem HollyBall schnüffeln. Danach mache ich in der Regel ein Nickerchen oder döse vor mich hin, bis wir unsere Vormittagsrunde gehen.

Wenn Frauchen Bestellungen ausliefert oder etwas abholt, darf ich mitfahren. Das mache ich am allerliebsten. Wenn sie fragt „Willst du mitfahren?" wackelt mein Popo vor Freude und ich laufe schon zielstrebig zum großen Auto. Ich darf dann angeschnallt, vorne auf der breiten Sitzbank liegen. Es macht mir auch gar nichts aus, dass die lauten Stapler beim Be- und Entladen am Auto wackeln. Die meisten Mitarbeiter bei den Firmen kennen mich schon und freuen sich, mich zu sehen. Wenn wir unterwegs sind, gehen wir auch immer eine Runde laufen, wenn wir alles erledigt haben.

Manchmal bewache ich im Büro auch ein wenig den Kopierer und schlafe dabei ein bis wir nach Hause fahren. Ich verstehe also jetzt wie überaus anstrengend so ein Leben als Halbtagsbürobully ist, aber was will man machen. Irgendwoher müssen die Bullytaler ja kommen.

C

Clicker

Kennt ihr diese Knackfrösche von früher? Ich weiß gar nicht genau welchen Sinn die für euch Menschen haben? Also für uns Tiere heißt das Clicker. Das ist ein kleines Ding, welches die Menschen in der Hand halten. Es macht „Click" wenn man drauf drückt, deswegen wohl der Name. Für mich bedeutet es aber, dass ich etwas richtig gemacht habe und ich ein Leckerli bekomme. Woher ich das weiß? Na weil Frauchen mir das beigebracht hat. Das geht ganz einfach und ich habe das auch supie schnell gecheckt. Jeder Hund kapiert das flott, wenn der Mensch es richtig macht. Außerdem heißt „Click" gleich Leckerli, das kann sich ja jeder merken. Warum wir das machen? Na weil wir Wuffis nur eine ganz kurze Zeit haben um Dinge zu verknüpfen, so ungefähr eine Sekunde. Wenn ich also zum Beispiel einen neuen Trick lerne, hilft mir das zu verstehen, was Frauchen von mir möchte. Weil sie mich viel schneller mit dem Clicker belohnen kann, verstehe ich es viel besser und das macht mehr Spaß. Bei Dingen, die ich schon kann, clickert sie meistens nicht mehr. Dafür gibt es das bullytastische Wort „Prima" denn das heißt für mich, dass ich etwas richtig gemacht habe und dafür eine Belohnung bekomme. Es soll ja Hunde geben, denen reicht das Wort als Belohnung, ich freue mich aber umso mehr, wenn ich ein Leckerli bekomme. Kopfarbeit tut gut, deswegen hüpfe ich immer wie ein Flummi auf meinen Teppich, wenn Frauchen den Clicker in die Hand nimmt, denn dann geht der Spaß los. Sie fragt dann: "Willst du arbeiten?" und zu 99 % habe ich tierisch Lust darauf.

Couch

Bevor ich zu meinen Menschen kam, haben sie eine ganz tolle, große neue Couch bekommen. Deswegen wollte Papa von Anfang an nicht, dass ich mit darauf darf. Da hat er seine Rechnung aber ohne Frauchen gemacht. Die wollte nämlich schon bevor sie mich kannte, mit mir auf dem Sofa kuscheln. Also kaufte sie hübsche Decken passend zur Couch und setzte sich durch. Papa hatte Angst, dass ich Kratzer oder Löcher rein mache oder sie sonst irgendwie verunstalte. Weil ich ja aber ein guter Bully bin, habe ich das niemals gemacht. Ich gehe auch nie alleine auf die Couch, nur wenn meine Menschen mit drauf sind. Selbst mittags, wenn ich alleine bin, dürfte ich mich dort einkuscheln. Aber ich mag nicht alleine darauf liegen und gehe dann in meine Höhle.

Als es früher bei uns noch nicht so gut lief und wir unseren „Neustart" machen mussten, durfte ich ja eine ganze lange Weile nicht auf das Sofa. Nur meine Menschen durften dorthin und ich durfte nur auch meinen Teppich. Das war damals für alle schlimm aber es musste sein und hat uns gutgetan. Heute haben wir eine sehr gute Basis, da ist das egal. Damit meine Gelenke und mein Rücken geschont werden und ich nicht immer so abrupt springe, habe ich ein kleines Höckerchen vor dem Sofa. Wenn Frauchen auf die Couch geht warte ich so lange bis sie sagt, dass ich hochdarf und dann kuschle ich mich in ihren Arm unter die Decke. Da liege ich am liebsten und schlafe. Wenn mir zu warm wird, lege ich mich an ihre Beine oder die Füße.

Papa liest immer ganz viel und manchmal, wenn er im Schneidersitz auf der Couch sitzt, lege ich mich in seine Beine rein. Er legt dann sein Buch auf meinen Rücken und liest weiter und ich mache ein Nickerchen.

Also die Couch ist neben dem Kühlschrank und dem Bett das tollste Möbelstück.

Cornflakes

Ich habe schon ganz oft Geschichten gehört, wie meine Artgenossen zu Hause die Bude auf dem Kopf gestellt haben und alles Mögliche zerbissen haben. Möbel, Leisten, Kissen, Türen, Stuhlbeine usw. Am meisten Sinn macht es aber natürlich, Menschenfutter zu klauen und zu mampfen. Bei mir ist das anders. Da Frauchen, auch wenn sie es ungern zugibt, übervorsichtig ist, bleibt so gut wie nie etwas liegen. Papa lässt schon eher mal eine angefangene Kekspackung auf dem Couchtisch auf meiner Augenhöhe liegen. Dann bekommt er aber direkt Mecker von Frauchen, besonders bei den giftigen Sachen, wie Schokolade. Mir riechen die Sachen schon sehr gut, ich weiß auch genau in welcher Schublade die sind. Aber da ich mir ja früher, als ich noch ein "böser" Bully war, immer alle Sachen vom Boden geklaut und verteidigt habe, war Frauchen immer auf der Hut. Heute ist das ja nicht mehr so. Ich lasse runtergefallene Dinge liegen und wenn ich sie doch mal interessant finde, gebe ich sie auch ohne Mucken wieder ab.

Aber eines habe ich mir doch mal gediebt. Es war wirklich nur das eine Mal und dabei wurde ich auch noch auf frischer Tat ertappt. Eine Packung Cornflakes. Sie war offen und stand in der Küche neben dem Schrank auf dem Boden. Sie hat ganz laut nach mir gerufen und ich konnte nicht widerstehen und so habe ich sie mit auf meinen Teppich genommen. Kaum hatte ich sie so weit auseinander, dass ich an die lecker schmecker Cornflakes rankam, stand Frauchen in der Tür und hat ein Donnerwetter losgelassen. Upsi, das hieß dann wohl, Cornflakes dieben ist nicht erlaubt. Konnte ich ja schließlich nicht wissen und Papa hatte sie ja so stehen lassen, dass ich rankam, also selbst schuld.

Heute haben meine Menschen Vertrauen zu mir und ich weiß, dass ich gelobt werde, wenn ich die runter gefallenen Sachen liegen lasse. Außerdem habe ich von meiner Labbi Freundin Ella gehört, dass solche Diebereien auch doof enden können. Die ist nämlich noch viel verfressener als ich und wenn man giftige Sachen mampft, muss man zum Doc und bekommt die Kotzspritze. Ein Piekser und einen wird so übel, dass alles was keine Miete zahlt wieder rauskommt, so lange bis man leer ist. Oweh, nicht dass ein Wuffi daraus etwas lernen würde, aber für den Moment muss es wohl wirklich übel sein, im wahrsten Sinne des Wortes.

Bei uns zu Hause gehört immer Kartoffelpüree und Sauerkraut zum Hunde-Erste-Hilfe-Set. Für den Fall, dass ich mal wieder einen Knochen, ein Stück Holz oder sonst etwas Unförmiges ohne Kauen runter schlinge, wickelt das Sauerkraut es gut ein und der recht flüssige Püree schiebt es sanft raus, wenn ihr versteht, was ich meine. Früher habe ich es nämlich geschafft, über 10 cm lange Knochen einfach runter zu Schlingen und weil ich ja auch was davon haben wollte, habe ich die auch verdaut. Das kann aber ganz schön gefährlich werden, deswegen muss man ganz viel Öl dazu geben, damit es keinen Knochenkot gibt. Ich bekomme jetzt nur noch riesige Knochen oder meine Kauwurzel, dann kann das nicht mehr passieren. Falls doch mal ein Stück abbricht, höre ich aber auf meine Menschen und mampfe es nicht. Und für den Notfall haben wir ja Sauerkraut im Haus.

D

Der ideale Ort für einen Haufen

Alle Hundebesitzer wissen, dass dies ein enorm wichtiges Thema ist. Das ist nicht nur bei uns Bullis so, sondern bei allen Hunden. Also bei mir ist von vornherein klar, ich kann mein großes Geschäft nur auf weichem Boden machen. Auf Gehwegen, Straßen oder sonstigen geteerten oder gepflasterten Wegen kneife ich mir lieber alles zusammen. Beim Pipi machen ist es im Übrigen genau das gleiche, falls es jemanden interessiert. Zu Hause im Garten ist das ganz einfach geregelt. Am vorderen Teil der Wiese mache ich Pipi. Meist im kurzen Abstand zur Terrasse, deswegen gibt es da offensichtlich auch ein Problem mit dem Rasen. Eigentlich ist mein Pipi ein super Dünger. Man könnte es abfüllen und für viele Bullytaler verkaufen. Aber da ich immer und ausschließlich dorthin pinkele, ist das wohl Zuviel des Guten und Frauchen versucht in jedem Frühjahr die Löcher zu füllen und sät neu ein. Nun ja, was will man machen.

Mein großes Geschäft hingegen verrichte ich am Ende des Gartens in der Nähe der Hecke. Das macht ja auch viel Sinn, immerhin muss ich dann nicht durch meine Haufen laufen. Gut auf der anderen Seite muss Frauchen dann weiter mit dem Schäufelchen zum weg machen laufen, aber irgendwas ist ja immer. Danach scharre ich so doll mit den Hinterpfoten, bis die Moosbrocken durch den Garten fliegen, soll ja schließlich jeder wissen, dass es mein Garten ist. So gerne sie ihn auch hätten, einen englischen Rasen bekommen meine Zweibeiner wohl nicht mehr. Aber das ist nicht sehr schlimm für sie.

Draußen ist das mit dem Haufen gar nicht so leicht wie im Garten. Meistens mache ich mein Geschäft am Anfang der Runde. Ich habe da schon so eine grobe Richtung wo es hin soll, aber bis zum idealen Platz muss ich mich noch heran schnüffeln. Ihr Menschen habt mit sowas ja nichts zu tun, ihr geht einfach auf eure Toilette. Auf dem Deckel meiner Menschen ist im Übrigen neuerdings auch ein Bully, aber pssst. Bei uns Hunden hat das was mit dem Revier zu tun, wir haben Instinkte in uns, die stammen noch von Wolf ab. Außerdem sind wir am verletzlichsten, wenn wir unser großes Geschäft verrichten, man könnte uns gut angreifen. Deswegen bin ich auch direkt auf 180, wenn sich mir ein fremder Hund nähert, wenn ich gerade versuche mich zu entleeren. Ihr Menschen wollt doch auch eure Ruhe haben auf der Toilette. Also ich darf nie mit aufs Klo.

Wenn ich also an der Leine laufe, weiß ich ja, dass meine Zweibeiner mit aufpassen. Wenn ich allerdings frei laufe, ist das nicht so leicht für mich. Meistens laufe ich zielstrebig weg. Am Anfang dachte Frauchen immer ich würde nicht mehr auf sie hören, wenn sie mich ruft. Mittlerweile weiß sie aber, dass ich mal muss, wenn ich nicht auf sie reagiere. Außer ich habe die Nase auf dem Boden, dann habe ich einen tollen Geruch zum Verfolgen aufgenommen. Aber wenn ich mal muss, mache ich meinen Rücken schon ein wenig runder beim Laufen. Wenn es dann erledigt ist, kann ich immer gut flitzen und renne erst einmal eine Runde. Wenn wir irgendwo laufen, wo ich noch nie war, ist alles anders und ich muss noch länger suchen, bis ich den passenden Platz für meinen Haufen gefunden habe. Das ist alles nicht so einfach und ihr Menschen werdet es wohl nie richtig verstehen, aber lasst uns die nötige Zeit um den idealen Platz für unser großes Geschäft zu finden.

Duschen

Eines der Dinge, die ich niemals verstehen werde, warum muss man Duschen? Okay, Menschen und Hunde riechen anders und ihr findet es auch toll euch mit schaumigem Duftzeug einzuschmieren usw. Aber bei mir ist das doch genauso. Manchmal schlendere ich so schön über die Wiese oder durch den Wald und plötzlich kommt mir ein bullytastischer Geruch in meine platte Nase. Ist er auch noch so weit entfernt, ich rieche ihn. Also folge ich dem Duft und wenn ich den Ort gefunden habe, gibt es für meine Menschen nur einen ganz kurzen Moment um zu reagieren. Wenn ich meine Schulter leicht drehe und bis dahin keiner „Nein" gerufen hat, schmeiße ich mich mit vollem Körpereinsatz in den meist braunen Haufen. Meine Menschen erkennen dann, dass es bereits zu spät ist und lassen mir mein Glück. Also schmeiße ich mich noch weitere zwei bis fünf Male wohlwollend auf den Rücken und mache mich so richtig chick. Wie gut ich dann dufte, Wahnsinn. Doch aus irgendeinem Grund mögen meine Zweibeiner mein Parfüm nicht so gerne und kaum zu Hause angekommen, muss ich duschen. Dabei habe ich mich doch extra so fein gemacht. Frauchen sagt dann immer „Wer im Bett schlafen will, muss duschen!" Na gut, eigentlich ist es ja auch gar nicht schlimm, solange sie mein Gesicht trocken lässt. Wenn sie mir mit dem Schaum meine liebsten Stellen schubbert, ist es sogar ganz entspannend. Außerdem muss ich immer schmunzeln, wenn ich mich danach so richtig schön schüttele und Frauchen anfängt zu quietschen. Natürlich muss ich auch immer duschen, wenn das Bad frisch geputzt ist, sonst macht es ja auch gar keinen Sinn. Doch nach dem Duschen kommt das Beste, abtrocknen. Ich sitze dann immer auf einem Handtuch auf dem Badvorleger und halte Frauchen schon meine Pfote hin. Ich liebe es nämlich, wenn sie mir die Stellen zwischen den Ballen mit einem Handtuch trockenreibt. Ich verziehe dann immer mein Gesicht und schnurre, weil ich das so sehr mag. Im Winter werde ich dann in meinen Bademantel eingemummelt, bevor ich alles nass mache. Wenn meine Menschen duschen oder baden liege ich gerne mit im Bad auf dem flauschigen Vorleger. Im Bad ist es nämlich dann schön kuschelig warm und ich liege wieder Mal mittendrin und verschönere den Raum.

E

Ella

In meinem bisherigen Bullyleben habe ich schon ganz viele Hundefreunde gehabt. Jungs oder Mädels ist mir egal, Hauptsache man kann Blödsinn machen, flitzen oder Bodycheck machen (Frauchen nennt das immer so, wenn sich Wuffis auf die Hinterbeine stellen und miteinander rangeln) das sieht dann ein bisschen aus wie bei den Kängurus und ist eher so ein Bullyding. Je größer die Kumpels und Kumpelinen, umso besser. Obwohl bei uns in der Nähe ganz viele Hunde wohnen, kenne ich meine Freunde fast alle aus der Hundeschule. Meistens waren wir eine Zeit lang in derselben Gruppe, relativ im selben Alter und haben uns fast jede Woche gesehen. Doch häufig trennten sich die Wege aus unterschiedlichen Gründen oder wir haben andere Freunde gefunden. Auch ich bin mittlerweile älter geworden und mag längst nicht mehr jeden gerne leiden. Aber ich habe gehört, bei Menschen ist das ebenso. Man muss nicht jeden mögen oder sich alles gefallen lassen. Im letzten Jahr habe ich dann meine Freundin Ella kennen gelernt. Frauchens Freundin, die sie schon ganz lange von ihrer alten Arbeit kennt, hat Ella als Welpe bekommen. Sie ist also viel jünger als ich. Das macht mir aber gar nichts, denn mit ihr kann man ja ganz viel Unsinn machen. Sie ist ein schwarzer Labbi und der nettesten, freundlichste und entspannteste Wuffi, der mir je begegnet ist. Ich mache ja schon mal gerne den Rammler um allen zu zeigen, wer die Bulldogge ist. Aber Frauchen verbietet mir das immer, weil das Stress für mich ist und andere Hunde das genauso wenig mögen, wie ich. Ja, bei mir darf das keiner machen, da gibt es richtig Ärger. Bei meiner Freundin Ella muss ich das überhaupt gar nicht machen. Bei ihr kann ich einfach so sein, wie ich bin und brauche mich nicht zu verstellen. Ihr ist egal ob ich unsicher bin oder ein Rüpel, sie ist einfach immer nett und sieht in jedem das Gute. Sie ist noch verfressener als ich und ich teile sogar meinen Käse mit ihr. Es macht mir auch gar nichts aus, wenn sie an der Leine vor mir läuft, bei anderen drängle ich mich immer gerne vor. Sie ist die einzige, die mich an der Leine beschnüffeln darf und meinen Kamm muss ich bei ihr auch nicht stellen. Wenn wir zusammen unterwegs sind, findet sie immer die tollsten Stellen, weil sie viel besser riechen kann als ich. Dann schnüffeln wir zusammen durch die Natur. Wir können zusammen rennen, aber sie ist viel schneller als ich, da halte ich immer nur die erste Runde mit. Danach schneide ich einfach immer ganz schlau den Weg ab. Im Wasser ist sie völlig bekloppt, so eine verrückte Nudel. Man kann sie einfach nur gerne haben und ich wünsche ihr, dass immer alle Hunde freundlich zu ihr sind, damit sie weiterhin so aufgeschlossen und nett bleibt. Mittlerweile ist sie schon eine junge Dame geworden, aber trotzdem niemals zickig, so wie alle anderen

Mädels die ich kenne. Für mich ist und bleibt sie meine liebste Ella auf der ganzen Welt und ich freue mich immer, wenn wir zusammen die Gegend erkunden.

Ente

Generell habe ich es ja nicht so mit Spielzeug. Ich finde das immer nur kurze Zeit toll und wenn ich feststelle, dass ich damit alleine spielen soll, langweilt es mich. Wenn jemand mit mir spielt, ist es ganz okay, zählt aber nicht zu meinen liebsten Beschäftigungen. Ich mag halt am liebsten Dinge, die mit Mampfen zu tun haben. Ich habe zu Hause eine Kiste mit Spielsachen, da darf ich aber nicht alleine ran. Das macht aber nichts, denn ich habe da sowieso keine Lust darauf. Allerdings kramt Frauchen von Zeit zu Zeit ein paar Sachen raus und wir haben kürzlich festgestellt, dass ich noch einen Stoffball habe, den ich als Welpe bekommen habe. So lange hat er gehalten und den mag ich gerne und mümmle schon mal an ihm rum.

Ein Lieblingsspielzeug habe ich aber tatsächlich doch, meine Ente. Von klein auf hatte ich meine Ente. Sie quietscht und knistert und ist zäh, an der kann Frauchen mich sogar hochziehen und man kann dran rumzerren. Ihr fragt euch sicher, was für ein unglaublich robustes Spielzeug das wohl sein mag. Das wäre ja die Revolution für Wuffis. Von wegen, Frauchen glaubt auch, ich wäre ein bisschen doof. Ich weiß genau, dass sie die Ente immer wieder neu kauft. Wenn ich sie aufgebissen habe und das weiße Wattezeug rauskommt, holt sie den Quitschi aus dem Bauch und ich knabbere noch ein bisschen an ihr herum. Irgendwann, wie durch ein Wunder, ist die Ente geheilt und ich freue mich, als hätte ich noch nie im Leben ein Spielzeug gehabt. Aber ich habe die Sache durchschaut. Oma hat nämlich auch schon mal eine Ente mitgebracht und letztens habe ich eine im Schuhschrank entdeckt, als ich meine Neugiernase da reingesteckt habe. In letzter Zeit spiele ich nicht mehr so viel mit der Ente, ich glaube ich habe schon an die sieben Enten getötet und habe ein schlechtes Gewissen. Glaubt ihr das? Ach quatsch, im Moment liegt sie einfach in der Kiste ganz unten und ich aber sie vergessen. Aber ein wenig Mitleid mit alle den armen Enten habe ich schon. Gut, dass ich keine Ente oder ein anderes Spielzeug geworden bin.

<u>F</u>

Fritten

Wegen meinen Allergien vertrage ich ja nur ganz wenige Sachen. Bevor wir das wussten, hat Frauchen sich immer vorgestellt, ich könnte ganz oft die Reste vom gesunden Menschenessen haben, so wie das früher auch war. Leider ist das selten der Fall, aber von dem was ich vertrage, bekomme ich auch etwas ab. Das ist dann immer ein Highlight und nicht nur ich freue mich darüber. Zu den weltallerbesten Menschenmampf-Dingen zählen ganz klar Fritten. Ich liiiieeeebe Fritten. Aber soll ich euch was verraten? Ich bin da nicht alleine, denn Frauchen hat eine Frittensucht. Sie liebt Fritten noch mehr als ich und das ist schließlich fast unmöglich. Oft macht Frauchen zu Hause Fritten in ihrem Fön, so heißt die Heißluftfriteuse. Seitdem die Lieblingsimbissbude meine Zweibeiner geschlossen hat, gibt es weniger Fritten bei uns, aber einmal die Woche ist es ein Muss. Ich rieche das dann ganz genau und muss mich wirklich bemühen, nur dezent zu betteln. Meine Menschen schleckern dann die Gewürze ab und ich bekomme zwei oder drei Stück ab. Mhhhh ein Traum. Wenn ich mal wieder auf mein Gewicht achten muss, bekomme ich leider keine, aber das ist zum Glück nicht so oft.

Wir fahren ja jedes Jahr nach Holland und dort gibt es richtig gute Fritten. Einmal sind wir nach

Texel gefahren und auf dem Rückweg mussten wir auf die Fähre warten. Frauchen hatte Hunger, also in Holland hat sie eigentlich immer Hunger auf Fritten und Frikandeln. Eigentlich braucht man dafür gar keinen Hunger, das kann man immer essen. Jedenfalls gab es da eine Bude und da hat sie was geholt. Dann haben wir alle zusammen im Auto Fritten gemampft. Das war sowas von cooly, denn im Auto habe ich bis dahin noch nie gefuttert.

Wenn man im Sommer draußen sitzen kann, darf ich schon Mal mit zum Lieblingsgriechen meiner Menschen. Ich darf da auch mit rein, aber ich habe nur an einem bestimmten Tisch richtig Platz und oft ist es sehr voll und laut dort, dann bleibe ich lieber zu Hause. Auf der Terrasse kann man aber ganz toll sitzen und dann komme ich mit. Ich freue mich immer sehr, denn ich weiß genau, mein Kellner Kumpel ist da. Er lässt alles stehen und liegen, wenn er mich sieht und die anderen Gäste müssen dann warten, denn wir müssen erst Mal eine Runde Blödsinn machen. Einmal hat er zu meinen Menschen gesagt, dass sie nichts mehr bekommen, wenn sie mich nicht mitbringen. Manchmal bekomme ich dann eine ungewürzte Riesenfritte aus der Küche, die ist dann nur für mich. Meistens amüsieren sich die anderen Gäste, weil ich angeblich so aufmerksam und lieb neben dem Tisch sitze. Die verstehen wohl nicht, dass das die anstrengende Hypnose ist. Ich starre die

Fritten so lange an, bis sie zu mir kommen. Dafür würde ich auf jeden Fall alles machen.

Fünf Minuten

Die berühmten fünf Minuten kennt wohl jeder. Kinder haben sie öfter als Erwachsene, Hunde haben sie öfter als Kinder und Bullis haben sie öfter als andere Hunde. Man sollte meinen, die bekloppten fünf Minuten bekommen nur Welpen und Junghunde. Aus eigener Erfahrung kann ich sagen, dem ist nicht so. In diesem Jahr werde ich fünf Jahre alt und habe meine dollen Minuten genauso häufig wie früher mit fünf Monaten. Immer wenn ich viele Eindrücke sammele, d.h. es riecht besonders oft besonders gut oder ich hatte viele Begegnungen, neue Wege, Wildspuren, Stresssituationen usw., geht es los. Dann brennt bei mir eine Sicherung durch und ich hetze wie von der Tarantel gestochen durch die Gegend. Wenn ich an der Leine bin, geht das natürlich nicht, aber Frauchen merkt, wenn es soweit ist. Ich werde dann so hektisch und sprunghaft. Wenn möglich lässt sie mich dann laufen oder ich muss warten bis wir zu Hause sind. Dann lasse ich es im Garten krachen. Ich kenne jeden Millimeter dort und fetze wie verrückt am Grill vorbei, eine Runde ums Gartenhäuschen und nach abruptem Anhalten, wieder zurück. Solange bis ist mich geschüttelt habe und die Welt wieder in Ordnung ist. Wenn ich draußen freilaufe und es mich überkommt, drehe ich meine Hetzrunden im Kreis. Es sollte nicht besonders viel im Weg sein, denn manchmal bekomme ich die Kurve nicht oder niete aus Versehen einfach alles um. Ich habe dabei immer richtig viel Spaß und laufe mir den Kopf frei. Der eine Hundetrainer im Fernsehen, den Frauchen sich mit Oma auch schon mal in echt anschaut, hat gesagt, französische Bulldoggen seien wie Abrissbirnen. Irgendwie hat er damit recht, denn dann überholen meine Hinterbeine schon die Vorderbeine und ich komme wie ein Kugelblitz angerannt. Manchmal z. B. in der Hundeschule, ist es nicht so angebracht, die wilde verrückte Bulldogge los zu lassen. Wenn andere Wuffis z. B. gerade etwas üben, würde ich sie nur ablenken. Für diesen Fall hat Frauchen dann meinen Käsedummy dabei. Ich kann meinen Kopf nämlich auch sehr gut frei bekommen, wenn ich den Dummy jagen darf. Da ich mich in diesem Fall nur auf ihn konzentriere, interessiert mich dann auch nichts anderes. Außerdem kann ich den Dummy ganz doll schütteln und alles an ihm auslassen.

Weil ich ein Abenteuerbully bin und bei mir immer was los ist, kommt es also durchaus öfter vor, dass hinter mir die Grasbrocken in die Luft fliegen und ich meine fünf Minuten bekomme. Meistens dauern sie aber nur ein oder zwei Minuten.

G

Grunzen

Das Klischee der französischen Bulldoggen besagt ja leider, dass sie nicht freiatmend sind. Weil es die Nachfrage gab, haben viele blöde Züchter immer flachere Nasen bei den Bullis gezüchtet. Deswegen nennt man uns auch Plattnasen. Das es natürlich total ungesund und dämlich und lebensverachtend ist, brauche ich ja nicht extra zu erwähnen. Bei vielen meiner Bullykollegen sind die Nasenlöcher so klein und die Gaumensegel so lang, dass sie ganz schlecht Luft bekommen. Die können dann nicht so bullytastich umher flitzen wie ich. Die röcheln immer, so wie ich, wenn ich eine Riechespur verfolge. Aber die röcheln immer so, auch wenn sie nichts tun. Sie schnarchen auch und haben Atemaussetzer. Das ist doch alles nichts, das ist eine Schande. Zum Glück achten manche Züchter jetzt mehr darauf und machen den Bullis wieder eine längere Schnute.

Ich gebe ja zum Glück nicht solche Geräusche von mir. Naja manchmal schnarche ich doch ein wenig, aber nur wenn mein Kopf irgendwo aufliegt. Das ist ja in Ordnung, nun ja außer wenn ein Zweibeiner neben mir schlafen mag. Die schieben mich dann immer vom Kopfkissen runter. Voll gemein, die Menschen schlafen doch auch darauf, ich möchte das auch. Bei den gerechten Platzverhältnissen im Bett haben wir ja generell Diskussionsbedarf, aber das ist ein anderes Thema.

Welches komische Geräusch meine Menschen aber am liebsten von mir hören, ist mein Grunzen. Das mache ich nämlich immer kurz bevor ich einschlafe, wenn ich mich richtig wohl fühle. Kennt ihr das, wenn man den perfekten Platz zum Liegen gefunden hat und sich so richtig schön entspannen kann? Diese Momente, wenn die Welt um einen herum stehen bleiben könnte und es wäre einem egal, weil man sich so richtig schön eingemummelt hat. Dann grunze ich. Es gibt leichtes Grunzen, eher wie ein durch schnaufen. Dann gibt es die normalen Grunzer, die kommen mehrmals täglich vor. Wenn ich mich ganz besonders wohlig fühle, gibt es noch die Monstergrunzer, da bebt quasi alles um mich herum. Einem Grunzer geht im Übrigen meist gemütliches Schmatzen voran. Meine Menschen können auch fast ganz genau voraussagen, wann ich grunze. Papa sagt sogar manchmal Grunzbär zu mir. Nach einem Grunzen möchte ich bitte gerne auch in Ruhe schlafen, am liebsten in einem Arm meiner Menschen. Auf der Couch bei Frauchen und im Bett bei Papa. Ich muss ja meine Liebe gerecht verteilen. Aufstehen mag ich dann auch erst mal nicht in naher Zukunft und so Sachen wie Pipi machen gehen, kann man dann ganz vergessen. Ich würde mich nach einem Grunzen höchstens noch zu einem Keks überreden lassen, aber auch nur wenn er mir gebracht wird. Wenn ich grunze, ist die Welt für mich in bester Ordnung und somit auch für meine Menschen.

H

Helfen lassen

So unterschiedlich wie alle Hunderassen sind, so unterschiedlich sind auch ihre Eigenheiten. Manche Wuffis sind Dramaqueens und heulen oder jaulen wegen jedem Pupser. Es gibt Hunde die wegen nichts so theatralisch leiden können, die könnten im Film mitspielen. Bei Bulldoggen ist das anders. Wir wurden ursprünglich gezüchtet um Bullen zu hetzen. Wenn man die unterschiedlichen Größenverhältnisse betrachtet also völliger Wahnsinn. Obwohl ich eigentlich ein unsicherer Angsthasenbully bin, sind auch diese Gene nicht spurlos an mir vorbei gegangen. Selbstüberschätzung gepaart mit Leichtsinn oder auch Wahnsinn. Hinzu kommt noch das starke Kämpferherz. Es hat mal jemand gesagt, Bulldoggen sterben nicht, sie fallen im Kampf. Hieraus ergibt sich, dass die Bulldogge Unwohlsein und Schmerzen gerne überspielt oder mit sich selbst ausmacht. Wie kommt es denn auch rüber, wenn man nach der Stierhetze jammernd nach Hause kommt und sich betüddeln lässt. Wenn ich unsicher bin, reise ich ja schließlich auch meine Klappe auch und gehe nach vorne. So überspiele ich, dass ich meine nicht vorhandene Hose voll habe und zeige mal allen wer die Bulldogge ist, oder eben zu sein scheint.

In meinem Leben hat es deswegen schon einige kleinere, nennen wir es Unfälle, gegeben. Als Welpe habe ich mich auf der Kuhweide so überschlagen, dass meine Menschen dachten, ich hätte mir das Genick gebrochen. Das wurde später nicht besser. Wenn ich im vollen Sprint über die Felder hetze, überraschen mich manchmal Erhebungen oder Senken. Einmal habe ich mich bei vollem Tempo, lang gestreckt in der Luft um mich selbst gedreht und bin auf allen Vieren gelandet. Soweit alles gut gegangen, aber ich hatte den schlimmsten Muskelkater in meinem Leben, dabei finde ich Kater an sich ja sowieso schon ätzend.

Als ich in der Pubertät den Kastrationschip gesetzt bekommen habe und die Verrückten mir eine dicke Kanüle ins Genick geschoben haben, war ich der tapferste Wuffi von der Welt. Ich habe keinen Miff und keinen Maff gemacht, aber meine Augen sind fast raus geplumpst. Das hat so weh getan, ich wollte danach noch nicht mal einen Keks. Als ich dann später richtig kastriert wurde, musste ich so einen ollen Body tragen. Naja besser als der Trichter, damit war ich ja völlig hilflos und konnte mich gar nicht frei bewegen ohne überall gegen zu rennen. Leider habe ich mich an zwei Stellen an dem Body wund gelaufen. Anstatt mich bemerkbar zu machen, habe ich es zäh ignoriert und am Ende musste Frauchen mich rausschneiden, weil sie es zu spät bemerkt haben.

Papa musste mich mal aus der Hecke schneiden, weil ich eine Katze verfolgt habe und nicht mehr von alleine rauskam. Ich hatte mir dann aus Versehen ein Loch ins Ohr gepierct. Hat gar nicht weh getan, im Vergleich zu den Krallenkratzern an meiner Schnute. Nun ja, ich befürchte, ich könnte noch mehr Geschichten erzählen. Frauchen sagt immer scherzhaft, es sei ein Wunder, dass ich überhaupt noch lebe und ich hätte ganz schön viele aufmerksame Schutzengel.

Früher habe ich also meine Schmerzen nie gezeigt. Meine Menschen und ich hatten nicht so ein gutes Verhältnis wie heute und so habe ich mir nicht gerne helfen lassen. Manchmal wollte ich sie alle lieber beißen und habe mich zurückgezogen. Doch auch das ist lange her und heute lasse ich mir sehr gut helfen. Wenn es nur Kleinigkeiten sind, mache ich es sogar nichtig gerne, weil ich weiß, dass es hilft. Wenn ich mir z. B. mal wieder die Pfoten wund geleckt habe oder mich da etwas piekst, halte ich die Pfote schon hoch. Meine Menschen fragen dann: „Hast du ein Au?" und ich zeige dann welche Pfote weh tut. Frauchen macht dann Salbe drauf. Wenn es mir richtig weh tut, mag ich es nicht gerne. Für ein Stück Käse lasse ich es mir aber gefallen. Manchmal habe ich von all den verrückten Aktionen ganz dolles Rückenaua und dann lasse ich mir die Wärmflasche auf den Rücken legen bis ich gar bin. Früher habe ich das gehasst, aber mittlerweile finde ich es angenehm und grunze. Aber nur bei 60 Grad und nur halb voll, damit sie nicht so schwer ist, ganz wichtig.

Es kam schon mal vor, dass ich so schlimm Rücken hatte, dass ich keine Sekunde liegen konnte und gehechelt habe. Es war so schlimm, dass wir zum Arzt gefahren sind. Oder ich habe etwas schwer im Bauch liegen und quäle mich damit. Wenn es mir dann so schlecht geht, suche ich ganz besonders die Nähe zu meinen Menschen. Ich kann dann gar nicht nah genug bei ihnen sein und krieche fast in sie hinein. Sie versuchen dann alles, damit es mir besser geht und ich lasse mir richtig gut helfen. Äußerst selten muss ich Medizin nehmen. Wenn Frauchen sie mir nicht unters Futter mischen kann oder ich sie raus sortiere, verhandelt sie mit mir. Ich muss erst die Tablette oder die Tropfen nehmen, dann bekomme ich Käse. Darauf lasse ich mich dann ein und Frauchen ist froh, dass ich es freiwillig mache und sie mich nicht dazu nötigen muss.

Auch wenn meine Menschen mich und mein Verhalten gut beobachten müssen um heraus zu finden, ob mir etwas fehlt oder ich mich unwohl fühle, habe ich gelernt mir helfen zu lassen. Ich vertraue meinen Menschen und weiß, dass sie mir nur gut wollen. Verratet es keinem, aber es ist gar nicht schlimm, Schwächen zu zeigen und sich helfen zu lassen.

HollyBolly

Was ich im Allgemeinen von Spielzeug halte, habe ich ja bereits erwähnt. Vor allem macht es für mich wenig Sinn, wenn es nichts mit Mampfen zu tun hat. Dementsprechend verliere ich an fast allem Neuen schnell das Interesse. Außer an meinem HollyBolly und meinem HollyBall. Kennt ihr diese Schnüffelteppiche welche es seit einiger Zeit überall gibt? Da werden Stoffstücke an ein Gitter geknotet und schon hat man einen Teppich in den Leckerlis versteckt werden können. Von Grund auf eine super Idee, an dieser Stelle ein dickes Lob an den Erfinder. Doch wie viele Leckerli-versteck-Erfindungen haben auch hier die meisten so ihre Lücken. Also den ersten Schnüffelteppich, den ich bekommen habe, hat Omas Kater übernommen, weil er für mich öde war. Der war so locker geknüpft, da waren die Leckerli gar nicht richtig versteckt. Falls doch, sind sie dann aber unten durchgefallen. Das habe ich natürlich direkt gecheckt und habe mir den Teppich einfach umgedreht und so ratz fatz alle Leckerli geschnappt. Den zweiten Schnüffelteppich hat Frauchen aus denselben Gründen relativ flott verschenkt. Dann aber kam der HollyBolly. Der HollyBolly ist so dicht geknotet, dass ich richtig lange nach den Leckerli suchen muss. Ich vergrabe manchmal meinen halben Kopf in ihm. Umdrehen hilft auch gar nichts, denn sie fallen nicht durch. Außerdem kann ich sogar mal an den Stoffgebimseln ziehen, die halten das aus. Das erste Teil, mit dem ich mich gerne intensiv alleine beschäftige. Ein HollyBolly hilft auch gegen fast alles. Angst bei Gewitter, schnüffel dir eins und du hörst den Donner nicht mehr. Stress in Alltagssituationen, schnüffel dir eins. Langeweile oder ein Regentag, schnüffel dir eins. Ich finde, jeder Hund sollte einen HollyBolly haben. Stiftung Bruno Test besagt sehr gut. Zwölf von zehn Leckerli Punkten. Ich könnte auch als Werbebulli auftreten, oder? Und das Beste ist, den HollyBolly gibt es auch als HollyBall. Ein rollender Schnüffelball, der benötigt noch Geschick und Geduld dazu. Mittlerweile verstehe ich schon, wenn Frauchen sagt: „Wo ist der HollyBall?" dann düse ich los und suche, wo ich ihn als letztes habe liegen lassen. Wenn ich ihn gefunden habe, bringe ich ihn meinen Menschen, die macht dann meine Leckerli rein und los geht der Spaß wieder. Ich habe zu Hause einen Teppich und einen Ball in schwarz mit Herz und in der Firma einen Teppich und einen Ball im Batman Look. Warum mir das Aussehen wichtig ist? Ist es gar nicht, aber es macht Frauchen glücklich, wenn sie sich die Farben und Muster aussuchen kann. Und ihr wisst ja, ist Frauchen happy, bin ich es auch.

Hosen- Check

Wenn Frauchen sich zu Hause in der oberen Etage umzieht, warte ich unten im Flur oder auf der letzten Treppenstufe auf sie. Wenn sie dann die Treppe herunterkommt, hopse ich ihr entgegen um den Hosen- Check zu machen. Ich prüfe dann, welche Hose sie anhat, denn dann weiß ich, was gleich passieren wird.

Hat sie eine Hundehose an, werde ich ganz aufgeregt und laufe zu Papa um ihm zu sagen, dass es los gehen kann. Wenn er nicht da ist, hüpfe ich mit mir alleine durch den Flur oder springe vor Freude an Frauchen hoch. Hundehosen bedeuten eine Hunderunde, Hundeschule oder ein Spaziergang. Auf jeden Fall bedeuten sie Spaß, Freude und Abenteuer.

Wenn Sie eine normale Hose anhat, warte ich erst mal ab, welche Schuhe sie dazu anzieht. Meistens gehen meine Menschen dann ohne mich aus dem Haus. Manchmal darf ich aber auch mitkommen, weil wir jemanden besuchen oder sonst wohin fahren, wo ich mit kann. Das weiß ich aber immer erst, wenn Frauchen die Hundetasche und die Leine holt. Deswegen heißt es zunächst abwarten und beobachten. Wenn sie ohne mich gehen, sagen sie immer „bye bye" dann weiß ich, dass ich erst mal eine ausgiebige Runde schlafen kann und mümmle mich in meine Höhle ein.

Dann gibt es aber noch die Schlumbahose. Die mag ich genauso gerne wie die Hundehose. Es ist Frauchens Jogginghose. Das bedeutet nicht, dass wir joggen gehen, es bedeutet kuscheln auf der Couch. Prima, ich liebe es. Ich darf dann im Arm von Frauchen abschnarchen und kann ganz nah bei ihr liegen, perfekt.

Wenn wir in der Woche morgens früh aufstehen müssen, mache ich keinen Hosencheck. Frauchen steht dann nämlich als erstes auf und ich weiß sowieso, dass wir arbeiten müssen. Deswegen bleibe ich mit Papa so lange im Bett liegen, bis ich höre, wenn Frauchen im Bad fertig ist. Das ist kurz nachdem der Fön aus geht, dann rückt mein Frühstück näher und ich habe einen guten Grund aus dem kuscheligen Bett aufzustehen.

Hundeschule

Manchmal verstehe ich nicht so ganz, warum es eigentlich Hundeschule heißt. Meistens lernen doch die Menschen dort etwas. Naja viele Hundehalter denken ja, die Probleme oder Auffälligkeiten seien dem Hund zuzuschreiben. In den meisten Fällen ist dem nicht so. Ich kann euch sagen, ich spreche da ja aus Erfahrung. Wer Frauchens Buch gelesen hat, weiß was wir alles schon durchhaben, und dass wir quasi in der Hundeschule gewohnt haben. Doch das ist schon lange her und wisst ihr was, man kann auch zur

Hundeschule gehen, wenn es keine Probleme gibt. Den meisten ist das nur nicht bewusst. Wenn sie hören, dass wir zur Hundeschule gehen, verstehen sie das gar nicht so richtig. Natürlich gibt es bei uns noch ein paar Baustellen. Ich mag nicht gerne fremde Besucher zu Hause oder im Büro und von den Katzen oder der Klingel möchte ich gar nicht erst anfangen. Manche Eigenheiten werden sich wohl nie ändern, viele haben wir bearbeitet, an manchen werden wir immer arbeiten müssen und mit wieder anderen können wir uns vielleicht auch einfach abfinden. Frauchen hat gelernt, die Dinge nicht mehr ganz so verbissen anzugehen und versucht jetzt öfter nicht alles auf die Goldwaage zu legen. Erst kürzlich hat sie jemand Fremdes ganz gut eingeschätzt und gesagt, sie soll mich auch einfach mal Hund sein lassen und nicht jedes seltsame Verhalten von mir so ernst nehmen. Manchmal ist es einfach meine Art, mit Situationen umzugehen die mir komisch vorkommen. Wenn Frauchen entspannt ist, bin ich es auch.

Im letzten Jahr haben wir ja unsere langjährige Hundeschule verlassen und Frauchen hat uns eine neue gesucht. Zum Glück hat es nur einen Fehlversuch gedauert, bis wir uns wieder gut aufgehoben gefühlt haben. Das war sehr cooly, denn ein paar meiner Kumpels und Kumpelinen sind mit umgezogen und wir haben uns in der neuen Hundeschule wiedergesehen. Obwohl wir ja schon viel kennen, weil wir ja quasi alte Hundeschulenhasen sind, lernen wir jedes Mal etwas Neues. Also eigentlich lernt Frauchen etwas und ich merke das, denn ich verstehe sie dann besser. So arbeiten wir immer weiter an uns als Team und haben Spaß dabei. Wir machen unterschiedliche Kurse bei denen vieles vereint ist. Crossdogging und Loagility oder wie das heißt. Also wir müssen uns zusammen Lösungswege erarbeiten, tricksen, klettern, Parcours, Hürden und vieles mehr, was mein Köpfchen auslastet. Ich arbeite ja supi gerne, denn danach ist mein Kopf leer und ich bin entspannt und glücklich. Bei Frauchen ist das genauso. Wenn wir auf dem Platz sind, denkt sie an nichts anderes als an das, was wir gerade machen. Sie kann dann gut abschalten und wir sind beide konzentriert bei der Sache. Manchmal schauen wir auch einfach gerne den anderen zu oder halten einen Plausch. Frauchen mit den Menschen und ich mit den Wuffis. Also hat jeder etwas davon. Mittlerweile gehen wir nicht mehr so oft wie früher, was aber auch daran liegt, dass ich jetzt auch außerhalb der Hundeschule Freunde habe mit denen wir uns treffen. Aber Frauchen braucht auch immer wieder neue Ideen, wie sie mich fordern und fördern kann, auch wenn wir es zu Hause schon ruhiger angehen lassen. Ich werde ja auch älter und habe nicht mehr ganz so viele Flausen im Kopf. Aber arbeiten müssen wir schon noch weiter, sagt Frauchen jedenfalls. Naja okay ich gebe zu, wenn wir im Urlaub nichts tun außer laufen, mampfen und kuscheln, fange ich nach spätestens zwei Wochen doch wieder ein wenig an zu diskutieren und die Regeln zu hinterfragen. Ich muss mich dann schon vergewissern, ob das Gesagte wirklich ernst gemeint war oder ob nicht doch mehr Handlungsspielraum für mich besteht. Frei nach dem Motto: Einmal ja, heißt immer ja und einmal nein, heißt nur einmal nein. Spätestens wenn ich dann draußen im Freilauf mal wieder eine kurzzeitige Demenz habe oder meine Ohren defekt sind und ich nur ganz aus Versehen die Mittelkralle zeige, wird es ernst und wir müssen wieder etwas schaffen. Nicht viel, aber es bedarf dann einer erneuten Auffrischung grundlegender Regeln. Frauchen hat da schon so ihre Methoden, die ihr ja immer auf meiner Seite verfolgen könnt, gemeine Leckerligasse und so was.

Aber trotz allem, ich liebe es, zu arbeiten und neue Dinge zu lernen und bin um jedes bisschen mehr Orientierung froh, denn es macht mein Leben entspannter.

I

Impulskontrolle

Impulskontrolle nennt das Frauchen immer, wenn sie mit mir anstrengende Sachen übt. Sie sind anstrengend, weil ich gegen meine Impulse antreten soll. Warum? Das habe ich mich auch schon oft gefragt und früher habe ich es in Frage gestellt. Doch ich mache es, weil Frauchen es sagt und sie sich sicherlich etwas dabei denkt und weil es Käse für mich gibt, wenn ich mir Mühe gebe. Sie übt das mit mir an der Reizangel. Das ist eine Stange woran an einem Seil mein Futterdummy befestigt ist. Sie fuchtelt damit vor mir rum und ich darf erst hinterher hetzen, wenn sie es erlaubt. Dann fliegt das Moos wieder hinter mir her und ich lasse es krachen. Am tollsten findet sie es, wenn sie Stopp ruft und ich stehen bleibe. Das kostet mich aber schon ganz schön viel Überwindung und klappt deswegen nicht immer.

Genauso gut übt sich dieses Impulsdings bei mir mit dem Wasserschlauch. Im Sommer wenn es warm ist, stellt Frauchen meinen Hundepool auf der Terrasse auf. Der muss regelmäßig sauber gemacht werden, wegen der Algen und so. Ich würde am liebsten die ganze Zeit in den Wasserstrahl beißen und hinterher hetzen, bis ich vor lauter Wasser über laufen würde. Das ist nicht wirklich gesund und so übt Frauchen das mit mir, wie mit der Reizangel. Wenn ich ruhig warte und zusehe wie sie den Pool reinigt und füllt, darf ich es krachen lassen und hinterher flitzen.

Manchmal macht Frauchen auch so ganz gemeine Sachen. Sie wirft Käsewürfel oder Leckerli und ich darf nicht hinterher sie holen. Das darf ich erst, wenn sie es erlaubt. Ui da muss ich mir wirklich Mühe geben, aber für Frauchen und für Käse mache ich das, nicht unbedingt in derselben Reihenfolge, aber pssssttt.

J

Jagen

Bekannter Weise stammen wir Wuffis vom Wolf ab. Bei manchen Rassen fällt das schon sehr schwer zu glauben, Bullys zählen wohl ein auch Stückweit dazu. Aber auch wenn ich wie eine Schmusebacke aussehe und dies auch gerne bin, auch wenn ich eher ein Gesellschaftshund bin, habe ich doch so meine Triebe und Instinkte. Ob das bei allen Bullys so ist, vermag ich nicht zu sagen. Immerhin leben viele Wuffis in der Stadt und es kommt bei ihnen wahrscheinlich niemals im Leben zu einem Wildkontakt oder ähnlichem. Von daher kann man es nicht beurteilen. Ich lebe aber auf dem Land und mein zu Hause ist umgeben von Wäldern und Wiesen. Das ist natürlich ganz bullytastisch für mich und es gibt für meine platte Spürnase immer etwas zu entdecken. Allerdings heißt das auch, dass man sich an ein paar Regeln halten muss. Das sagen zumindest meine Menschen, ob ich das genauso sehe, sei mal dahingestellt. Bei uns gibt es z. B. ganz viele Eichhörnchen, Vögel, Hasen, Füchse, Rehe und auch Wildschweine.

Meine Menschen sagen, die Tiere im Wald muss ich in Ruhe lassen, da es ihr zu Hause ist. Deswegen laufe ich im Wald meist an der Schleppleine. So darf ich auch neben dem Weg schnüffeln, Spuren verfolgen und Fährten aufnehmen. Das ist ein Spaß und so aufregend.

Ohne Leine dürfte ich nur auf dem Weg bleiben. Doch wenn wir durchs Unterholz gehen, weil Papa auf geschichtsträchtiger Spurensuche ist, oder Frauchen mal wieder ein Motiv für ein Bild entdeckt hat, werde ich zum Kolumbus und spurte los. An der Schleppleine darf ich dann alles entdecken. Es gibt auch viele Wege, die nur am Waldrand liegen, wo wir noch nie Wild gesehen haben, dort darf ich freilaufen, aber muss auf dem Weg bleiben. Auf den Wiesen darf ich freilaufen, außer wenn die Rehe Kids bekommen, dann gelten wieder andere Regeln. Ein Wildschwein haben wir zum Glück noch nie in freier Natur gesehen, ich hasse Wildschweine, ich kenne die aus dem Wildpark, die machen mir Angst, weil die so aggressiv sind. Aber ich kenne genau die Wildschweinspuren auf den Wiesen, nachts kommen sie und wühlen alles auf. Rehe habe ich schon oft gesehen. Wenn sie weit weg sind, ist es okay. Wenn sie sich nicht bewegen, ist es auch okay. Aber wenn sie weglaufen, sind meine Triebe geweckt. Wenn ich an der Schleppleine bin, übt Frauchen immer mit mir. Wenn sie allerdings den Moment verpasst oder gar nicht erst mitbekommt, muss sie ganz schön aufpassen, dass ich sie nicht umhaue oder ihr den Arm auskugle an der langen Leine.

Vor kurzem ist es zum ersten Mal passiert, dass ich rennende Rehe gesehen habe und nicht an der Leine war. Bisher kam das nie vor, da die Rehe meist stehen bleiben und ich dann angeleint

83

werde oder schon an der Leine war. An diesem Tag war aber alles anders. An dieser Stelle waren bisher noch nie Rehe. Wir waren eigentlich noch fast im Dorf, weg vom richtigen Wald. Frauchen weiß, dass es zur Königsdisziplin gehört, einen jagenden Hund abzurufen. So war sie auch nicht schockiert, als sie bemerkte, dass sie den entscheidenden Moment verpasst hat und mein Gehör bereits vom Adrenalin übertönt wurde. Da kann man nichts machen. Papa ist mir durchs Unterholz hinterhergerannt und Frauchen hat gesehen, wohin die Rehe laufen und wollte uns anders herum entgegenkommen. Bullys haben ja einen Hetztrieb. Frauchen hat sich schon immer gefragt, was ich tun werde, wenn ich das gejagte Objekt der Begierde bekommen würde. Vielleicht möchte sie es auch gar nicht wissen, am besten ist es sowieso, wenn es nie vorkommt, meint sie. Entgegen der Vermutung meiner Menschen habe ich allerdings sehr zügig eingesehen, dass die Rehe viel schneller sind als ich und bin nach kurzer Jagd stehen geblieben. Papa hat dann gerufen und ich bin flotti wieder zurückgekommen. Das war vielleicht aufregend. Frauchen hat gesagt, ich sah aus wie ein Kind was zum ersten Mal Karussell gefahren ist. Meine Hormone hatten auf jeden Fall eine Achterbahnfahrt und ich war danach fertig für den Rest des Tages. Von den Kratzern der Äste und Dornen in meinem Gesicht erzähle ich mal lieber nichts.

Wenn wir im Tierpark oder bei uns im Dorf am Wildgehege sind, weiß ich genau, dass die Rehe hinter dem Zaun sind und möchte sie nicht jagen, bin ja auch nicht doof. Das wäre ja so wie einen Fisch im Aquarium fangen zu wollen.

Das Jagen von Vögeln habe ich schon früh aufgegeben. Die können ja einfach wegfliegen, das ist sinnlos. Allerdings muss ich meine Erfahrung am Strand bei den Möwen jedes Jahr aufs Neue überprüfen. Könnte ja sein, dass sich etwas geändert hat, immerhin gibt es bei uns keine Möwen. Bei uns zu Hause gibt es nur kleine Vögel, die quasi mit zum Revier gehören und im Sommer gemeinsam mit mir auf dem Balkon und im Garten sein dürfen, wenn sie wollen. Auf den Feldern gibt es aber die großen schwarzen Raben oder Krähen, ich kenne den Unterschied nicht, aber ich kenne die Vögel. Sie sind dreist und ärgern mich manchmal, also ärgere ich sie zurück. Wenn ich die jagen möchte, höre ich auf Frauchen und stoppe auch aus dem vollen Sprint. Manchmal mache ich mir aber einen Spaß draus und galoppiere los nur um sie aufzuscheuchen. Einfach nur so, weil die mich auch immer ärgern und ich es lustig finde.

Eichhörnchen wiederum möchte ich sehr gerne jagen. Die kleinen Puschelschwänze sind aber so flott die Bäume rauf geklettert, da habe ich keine Chance. Das hält mich aber nicht davon ab, es vehement zu versuchen.

Im letzten Jahr habe ich mir aber eine tolle neue Beschäftigung angefangen. Es ergab sich schleichend und meine Menschen haben es erst nicht verstanden. Wenn ich auf dem Feld freigelaufen bin, bin ich manchmal wie ein Hase gesprungen. Sie dachten, ich verfolge die Grashüpfer, die im Sommer nachdem die Bauern gemäht haben, überall rum hüpfen. Eigentlich fing es auch so an, doch dann entdeckte ich dabei die Mäuse. Sie haben überall unzählige Löcher hinterlassen und huschen ratz fatz von einem Gang zum anderen. Als der Tag kam, an dem ich meine Ohren auf dem Feld auf Durchzug gestellt hatte und es mir egal war, dass ich Frauchen nicht mehr sehen konnte, wusste sie, dass ich tatsächlich Mäuse jagen gehe. Das liegt jetzt nicht unbedingt in meinen Genen, aber ich finde es toll. Da weit und breit niemand zu sehen war und ich den absoluten Tunnelblick hatte, ließ Frauchen mich an diesem Tag Mäuse jagen. Sie wusste, dass die kleinen Wesen sowieso zu schnell für mich sind und ließ mir meine Freude. Sie ging auf dem Weg ums Feld und ich suchte das ganze Feld ab. Als sie nach ca. 15 Minuten einmal rund gelaufen war, kam ich zu ihr zurück, nahm ein kühlendes Bad im Bach, schüttelte mich und war für den Rest des Tages zufrieden, ausgeglichen und glücklich. Das gab Frauchen zu denken, sie findet es eigentlich gut, wenn Hunde tun dürfen, wofür sie bestimmt sind. Also zog sie mir am nächsten Tag das Geschirr und die Schleppleine an und ging mit mir auf ein anderes, frisch gemähtes Feld und ließ mich wieder Mäuse jagen. Sie beobachtete mich ganz genau und kam zu dem Entschluss, dass ich kein richtiger Mäusejäger bin. Wenn ich eine Maus gefunden habe und ihren Weg ins Loch verfolge, fange ich kurz an zu buddeln, so drei oder vier Mal. Dann stecke ich meine Schnute hinein und schaue mir die Sache näher an. Nach einer Minute gebe ich auf und suche mir eine neue Maus. Frauchen sagt, dass sei ja nichts Halbes und nichts Ganzes. Richtige Jäger buddeln bis sie umfallen oder erfolgreich sind. Sie hat auch nicht ganz verstanden, wie ich die Mäuse entdecke, da ich sie nicht erschnüffle. Unser Trainer hat ihr dann verraten, dass ich die Bewegung im Boden an den Pfoten spüren kann. Toll was die Natur uns für Fähigkeiten gegeben hat. Also ich finde, dann sollte man sie auch nutzen. Meine Menschen haben beschlossen, dass ich Mäuse jagen darf, solange alles im Rahmen bleibt. Immerhin sind die Mäuse nur im Sommer in der Heuzeit sehr aktiv. Im Winter finde ich selten welche. Ich darf nur aufs Feld, wenn Frauchen es erlaubt. Ich laufe nicht weg und muss kommen, wenn mich jemand ruft. Dann haben wir alle etwas davon. Meine Menschen sind froh, dass ich ein glücklicher Naturbully bin und ich ausgelastet und zufrieden bin, glücklich über all meine Abenteuer. Ich werde euch berichten, ob das alles immer noch so ist, wenn ich zum ersten Mal eine Maus erwischt habe.

Ganz früher zählten übrigens auch Jogger und Radfahrer zu meiner heiß begehrten Beute. Was kann man da so toll hinter hetzen. Papa sagt immer, das sei Quatsch. Selbst wenn ich das Rad bekommen würde, könnte ich es doch gar nicht fahren. Blödsinn, also im Ernst. Ich habe früh gelernt, dass ich Radfahrer und Jogger nicht jagen darf. Ich muss dann bei Frauchen gehen bis sie vorbei sind und bekomme eine Belohnung dafür. Manchmal sind die Menschen sehr nett, bedanken sich für unsere Rücksichtnahme und loben mich. Es ist übrigens toll, wenn Radfahrer hinter uns klingeln, denn manchmal bekommen wir gar nicht mit, wenn sie kommen. Sehr nett ist es auch, wenn sie langsamer an uns vorbeifahren. So kann man doch mit gegenseitiger Rücksichtnahme miteinander umgehen. Manche Jogger sind aber unfreundlich, sie grüßen nicht, schauen an einem vorbei. Vielleicht liegt das an den Stöpseln in ihren Ohren, wer weiß. Ganz selten rasen Radfahrer so schnell an uns vorbei, dass ich mich erschrecke, aber das ist zum Glück selten der Fall. Mit Wuffis, die mit Joggern, Radfahrern oder Reitern unterwegs sind, habe ich im Übrigen niemals ein Problem. Sie sind so auf ihre Aufgabe konzentriert, dass sie für mich keine Bedrohung darstellen. Bei denen kann ich sogar entspannt am Wegesrand absitzen, bis sie vorbeigelaufen sind.

Obwohl das mit Joggern und Radfahrern so gut bei funktioniert, versuche ich allerdings jedes

Mal, wenn sie vorbei sind, ein wenig hinterher zu laufen. Ich sprinte nicht los oder so, aber ich würde eigentlich gerne. Frauchen sagt dann immer: „Vergiss es!" und dann tue ich so, als wenn nichts gewesen wäre. Man kann es ja mal probieren.

K

Katzen

Was soll ich groß sagen, ich hasse Katzen. In diesem Leben werden wir auch keine Freunde mehr. Selbst dulden wird wirklich schwierig. Als ich ein kleiner unschuldiger Bullywelpe war, stellte mich Frauchen sowohl Omas Kater, als auch dem Kater ihrer besten Freundin vor. Von beiden habe ich Ablehnung erfahren und mir eine mit der Katzenpfote eingefangen. Selbst wenn ich jetzt mal einer netten Katze begegnen würde, wäre mir das egal. Ich kann sie einfach nicht ausstehen. Das Klischee von Hund und Katz ist bei mir erfüllt. Sicherlich mag es bei manchen Wuffis funktionieren, bei mir aber nicht. Wenn sich nochmal eine bei uns in den Garten verirrt, werde ich sie jagen, wie alle vor ihr. Im Haus vor der Firma wohnt auch ein Kater und den sehe ich ganz oft. Ich hasse ihn auch und er hasst mich. Frauchen hat nämlich beobachtet wie er um unsere Firma schleicht, wenn er denkt, es sei keiner da. Im Winter sieht man die Spuren erst recht. Er markiert an unserem Gebäude, dabei ist das mein Revier. Also bin ich oft auf der Lauer und schaue ob er sich wieder irgendwo rumtreibt. An guten Tagen gelingt es mir, mich an Frauchen zu halten, wenn ich ihn sehe. Dann parke ich mich zwischen ihren Beinen oder gehe eng bei ihr rein oder ins Auto. An manchen Tagen raste ich aber einfach an der Leine aus. Das ist dann ein hysterisches Keifen, sodass die Nachbarn denken, jemand würde gequält. Mir ist egal was die Nachbarn denken, ich möchte nur dem Kater die Meinung sagen. Wenn ich bei Oma und Opa zu Besuch bin, werden wir getrennt. Der Kater ist dann oben und ich unten. So ist es für alle am besten und jeder hat seine Ruhe.

Käse

Ich weiß nicht ob ich es schon erwähnt habe, aber für Käse mache ich alles. Da ich keine Fleischwurst oder die meisten anderen tollen Sachen futtern darf, ist Käse mein besonderes Leckerli. Frauchen hat eine extra Gürteltasche für Käsewürfel. Wenn sie die aus dem Kühlschrank holt, weiß ich, dass wir raus gehen. Draußen gibt es viel Ablenkungen und in Stresssituationen entscheide ich mich für Käse anstatt für Ärger. Ich darf auch ganz oft Käse draußen suchen, quasi ein riesiger Naturschnüffelteppich. Die normalen kleinen gebackenen Leckerli finde ich nämlich nicht, so gut ist meine Spürnase nicht. In meinem Futterdummy ist ja auch immer Käse drin. Weil mir der so gut riecht, bin ich auch der weltallerbeste Käsedummyfinder. Entweder im Garten oder im Haus, da ist mein Köpfchen wieder fein ausgelastet. Bei allen Männern in Papas Familie falle ich ganz aus der Reihe. Die essen nämlich alle keinen Käse. Aber das macht mir ja nichts, bleibt mehr für Frauchen und mich.

Frauchen holt mir jede Woche eine bestimmte Sorte laktosefreien Käse an der Käsetheke. Sie nimmt meist die Endstücken, die essen die Menschen sowieso nicht so gerne. Deswegen bekommt sie ihn oft günstiger, weil davon keine schönen Scheiben mehr geschnitten werden können. Mir ist das ja schnurtz egal, ich nehme ihn in allen Formen. Aber Frauchen sagt, es muss schon ein bestimmter Käse sein. Er hat nicht ganz so viel Fett und er muss mittelalt sein. Wenn es junger Käse ist, kann ich ihn nicht ganz so gut erschnüffeln, weil er kaum riecht. Außerdem ist er zu weich für die Tasche und den Dummy. Zu alter Käse wiederum riecht mir zwar hervorragend und lässt sich gut für Suchspiele verwenden, allerdings zerbröckelt er in der Tasche, das mag Frauchen gar nicht gerne. Alles nicht so einfach wie man meinen könnte. Ich mag jeden Käse, in jeder Form, Farbe und Größe. Hauptsache er befindet sich auf dem Weg in mein Schleckermaul.

Klingel

Bisher haben wir so viele Probleme in den Griff gekommen. Ich habe mir alles vom Boden geklaut und verteidigt. Wenn etwas nicht nach meiner Nase ging, habe ich gebissen. Heute lasse ich alles liegen oder gebe es freiwillig ab. Frauchen mengt mir im Maul rum und ich lasse mir alles von ihr gefallen, auch Dinge die ich nicht mag. Ich vertraue meinen Menschen, höre sehr gut auf sie und weiß wann ich den Bogen überspanne. Früher habe ich null gehört, habe gemacht was ich wollte und durfte deswegen nicht freilaufen. Nach unserem Neustart bin ich Begleithund geworden, lasse ganz oft den Streber raushängen und darf deswegen ganz viel freilaufen und die tolle Welt entdecken. Ich kann flitzen, toben, schnüffeln und Hund sein.

Es gab Zeiten, da habe ich andere Hunde an der Leine angepöbelt, sodass wir gar keine schönen Runden mehr hatten. Nachdem Frauchen sich hat vom Trainer helfen lassen, können wir entspannt an anderen Wuffis vorbei gehen. Was wir nicht schon alles zusammen erlebt und gemeistert haben. Doch die Sache mit der Klingel läuft bei mir einfach so gar nicht. Ich bin nicht nur ein Bellomat, ich raste regelrecht aus. Wir hatten schon unseren Trainer zu Hause, der meinen Zweibeinern gezeigt hat, wie sie die Klingel komplett neu, positiv mit mir trainieren. Wir haben monatelang geübt. Frauchen hat gesagt, sie haben es jahrelang falsch gemacht, da haben wir jetzt auch ganz viel Zeit, es wieder hin zu bekommen. Wir waren auch auf einem ganz guten Weg. Ich war noch nicht super entspannt, aber es war nicht mehr so ein wahnsinniger Stress für mich. Doch eines Tages, bin ich wieder ganz zurückgefallen und wir mussten im Trainingsplan wieder einige Schritte zurück gehen. Irgendwann hat Frauchen festgestellt, dass mein Stress nicht von der Klingel an sich kommt, sondern von der

Tatsache, dass dann jemand ins Haus reinkommt. Ich mag das gar nicht und mache dann den Kontrolletti. Ich muss als erstes an der Tür sein und wenn meine Menschen sich darüber aufregen, steigere ich mich noch mehr rein und springe sie böse und kontrollierend an. Am schnellsten fahre ich runter, wenn meine Menschen auch ruhig bleiben. Das ist allerdings schwer, wenn z. B. ein Paket geliefert wird. Die Boten haben nie Zeit und können keine Rücksicht auf mich nehmen. Die Mädels von der Post machen das manchmal, die wollen mir auch nur gut. Aber das geht nun mal nicht immer und solange wir das noch nicht im Griff haben, bleibt die Klingel aus. Meine Menschen finden das selbst ganz entspannt. Wir haben jetzt eine Paketbox vor der Tür und meine Menschen sehen sowieso, wenn jemand kommt oder sie wissen es vorher. Seitdem üben wir, dass ich bei Besuch in die Küche gehe. Ich mag das noch nicht so gerne, weil ich ja dann nichts kontrollieren kann, aber eigentlich ist es ja viel entspannter für mich. Ich gebe mir trotzdem Mühe. Seitdem können meine Menschen auch wieder zur Tür gehen, ohne dass ich hinterher renne und wir dann diskutieren müssen. Das ist ja wieder ein Fortschritt. Bestimmt bekommen wir das auch noch hin, so wie wir alles andere zusammen gemeistert haben. Es braucht halt seine Zeit und ich muss wieder einmal lernen Kontrolle abzugeben und meinen Menschen zu vertrauen.

Knabberton

Das Menschen viele Dinge in Kartons packen, habe ich ganz klar verstanden. Dann kommen die Leute mit der Uniform, die ich nicht mag und bringen Kartons an die Haustüre. Obwohl ich die Boten nicht leiden kann, freue ich mich über die Kartons. Manchmal riechen sie nämlich ganz besonders gut und es ist etwas für mich darin. Meistens ist der Inhalt für meine Menschen und wenn sie es ausgepackt haben, nehmen sie den Karton mit in die Firma, packen andere Sachen hinein und verschicken ihn wieder. Manche Kartons funktioniert Frauchen aber zu einem bullytastischen Knabberton um. Sie wirft ein paar Leckerli hinein und verschließt ihn wieder und dann darf ich ihn haben. Ich schleppe ihn dann auf meinen Teppich, egal wie groß oder unpraktisch er ist. Dort zerschreddere und zerreiße ich ihn dann, bis ich ihn kurz und klein habe und wirklich alle Leckerli gefunden habe. Meistens ist der ganze Teppich dann voller Schnipsel und immer wieder teste ich, ob man die nicht doch mampfen kann. Frauchen meckert dann und räumt mir alle Schnipsel wieder weg. Es ist doch immer wieder toll, wenn ich einfach etwas zerstören darf ohne ein schlechtes Gewissen haben zu müssen. Ich durfte das schon als kleiner Welpe und mache es heute noch genauso gerne wie damals.

Krallen feilen

Da ich von klein auf irgendwelche Probleme mit meinen Pfoten hatte, bin ich es gewohnt, dass mir jemand daran rum mengt. Frauchen hat solche Dinge immer positiv mit mir aufgebaut, da sie wollte, dass ich von mir aus mitmache und mich keiner dazu nötigen muss. Also brachte sie mir bei, still zu halten und gab mir zur Belohnung einen Keks. Ist ja eigentlich auch nicht so schwer. Außer ich habe Schmerzen, leider muss ich trotzdem da durch und mache mit, denn dann gibt es Käse. Immerhin macht es z. B. beim Tierarzt einen guten Eindruck, wenn ich mitmache und mich untersuchen lasse. Ist ja auch für mit entspannter, wenn ich das alles kenne und weiß, dass es meistens nicht so schlimm ist. Falls doch, bin ich eben die zähe Bulldogge. Bei den Pfoten bin ich jedenfalls ein Spezialist und lasse mir gerne helfen und mich verwöhnen. Früher musste Frauchen nie nach meinen Krallen schauen, die habe ich mir immer selbst abgelaufen. Mittlerweile sind wir aber mehr im Wald und auf Feldwegen unterwegs, da ist der Boden zu weich. Stadtwuffis laufen sich ihre Krallen bestimmt immer von alleine ab. Nun ja, meine sind nun mal zu lang und wir müssten zum Arzt um sie abknipsen zu lassen. Sie sind schwarz und meine Menschen können nicht sehen, wann das Leben in meiner Kralle anfängt. Da Frauchen aber deswegen nicht zu Doc mag und kein Drama daraus machen wollte, hat sie es bei mir wie bei sich selbst gemacht. Sie feilt ihre Krallen, äh Nägel, nämlich mit einer Glasnagelfeile. Ich habe da auch schon ganz oft bei ihr zugesehen und weiß, dass es nicht schlimm ist. Wenn ich also müde und ausgepowert bin und mir sowieso alles egal ist, feilt Frauchen mir jetzt die Krallen. Meistens liege ich dabei irgendwo und schlafe sogar dabei ein. Heißt das dann bei mir jetzt eigentlich Maniküre oder Petiküre? Oder vielleicht Bullyküre? Ich mag es auf jeden Fall.

Wenn wir auf Asphaltwegen laufen, wirft Frauchen mir Leckerli und ich hetze dann hin und her und wetze mir so auch ein wenig die Krallen ab. Oder sie lässt mich an einer Stelle warten und geht weg. Wenn sie mir dann ein Zeichen gibt, düse ich los wie der Wind und flitze so schnell ich kann zu ihr. So geht es auch ganz gut.

Krankenpfleger

Ich habe ja bereits erzählt, wie gut ich mir mittlerweile helfen lassen, wenn ich ein Leiden habe. Noch besser kann ich aber meinen Menschen helfen. Sie sagen immer ich sei ihr bester Krankenpfleger. Das stimmt wohl. Wenn jemand krank ist oder es ihm nicht gut geht, kann ich das spüren und ich weiche nicht von seiner Seite. Frauchen hat z. B. dieses schlimme Kopfweh, wo sie nur im Dunkeln mit Wärmflasche liegt und sich übergeben muss vor lauter Au. Das kommt nicht mehr allzu oft vor, aber wenn, verzichte ich auf alles um bei ihr zu liegen. Papa muss mich dann zum Mampfen und Pipi machen holen. Sobald ich das aber erledigt habe, mache ich wieder meinen Krankenpflegerjob. Kürzlich war es wieder soweit und ich lag den ganzen Tag an Frauchens Seite. Papa wollte dann mit mir laufen gehen, da hatte er die Rechnung aber ohne mich gemacht. Ich wollte mich keinen Meter vom Haus wegbewegen und er musste mich quasi nötigen. Nachdem ich dann meine Geschäfte erledigt hatte, habe ich wie ein Irrer an der Leine gezogen. Ich wollte flotti wieder nach Hause zu Frauchen und hab Papa mitgezogen. So viel Unsinn ich ja auch manchmal im Kopf habe, dabei kenne ich nichts und man kann tausend Prozent auf mich zählen- Pfote drauf.

Kräuter

Vor dem letzten Silvester hat Frauchen gelesen, dass es Anti-Stress-Kräuter gibt. Da sind lauter Kräuter drin, die Mensch und Hund helfen, sich zu entspannen. Da Frauchen sie nur an mir testen wollten, aber viel zu viele Kräuter gekauft hatte, hat sie einfach Hundekekse daraus gebacken. Diese haben dann vielen Wuffis ein entspannteres Silvester beschert. Ich habe ja gar kein Problem mit dem Geknalle. Meine Menschen zeigen mir, woher der Lärm kommt, wir schauen zusammen Feuerwerk und gut ist. Leider geht es nicht allen

Hunden so und Frauchen hat sich gefreut, einigen Vierbeinern einen ruhigen Start ins neue Jahr gegönnt zu haben.

Als ich jünger war, hatte ich so gar keine Beziehung zu meinen Menschen. Im Laufe der Zeit, sind wir aber so ein gutes Team geworden, keiner könnte mehr ohne den anderen. Mittlerweile habe ich so eine enge Bindung zu Frauchen, dass ich ganz oft ihr Spiegel bin. Sie sagt immer, sie kann an mir sehen, wie es ihr selbst geht. Das ist eigentlich nichts Schlimmes, außer wenn Frauchen gestresst ist. Dann bin ich nämlich auch gestresst, weil sie es auf mich überträgt. Das macht sie nicht mit Absicht, manchmal merkt sie es gar nicht. Da wir aber die meiste Zeit zusammen verbringen und sie Stress nicht immer einfach steuern kann, wollte sie mir mit den Kräutern ein wenig helfen. Schaden kann es ja nicht, dachte sie und hat angefangen, mir jeden Morgen ein paar wenige Gramm aufgeweicht ins Futter zu geben. Mhhhh die schmecken mir auch noch richtig gut, ich schleckere sie alle weg. Nach ca. zwei Wochen wurde ich schon entspannter. Keine komplette Wesensveränderung, ich finde Katzen und Besucher nach wie vor doof. Aber ich war bei allen Situationen die mich normalerweise komplett stressen würden, entspannter und somit zugänglicher für alternative Handlungsmöglichkeiten. Ich kann jetzt die Dinge, die Frauchen mit mir trainiert viel besser umsetzen, weil ich nicht so furchtbar aufgeregt bin. Und wenn doch, komme ich viel schneller wieder runter. Ein paar andere Hundemenschen haben das bestätigt, es muss also was dran sein. Es hätte ja auch sein können, dass Frauchen sich das nur einredet und ich nur entspannter bin, weil sie es überträgt. Egal woran es liegt, ich finde die Kräuter lecker. Schaden können sie nicht, irgendwas an ihnen hilft und deswegen bekomme ich sie jetzt jeden Morgen und Frauchen macht sich Tee davon, wenn sie ihn benötigt.

Kuscheln

Neben Mampfen, Auto fahren und draußen sein, zählt kuscheln zu meinen liebsten Beschäftigungen. Ich meine damit nicht unbedingt kraulen und streicheln, obwohl das natürlich auch unverzichtbar ist. Ich rede von lieb halten und gaaanz viel Körperkontakt, so nah wie es eben geht. Frauchen sagt immer, man sollte meinen, dass Hunden so richtiges Knuddeln unangenehm und zu eng sei, aber bei mir ist das nicht so. Ich grunze dann und drücke mich noch näher an meine Menschen. Wenn es mir nicht nah genug ist, schaue ich sie mit großen Augen an und dann verstehen sie, was ich möchte. Wenn Frauchen auf dem Sofa liegt und sagt, dass ich zu ihr kommen darf, mag ich aber nur gerne hochkommen, wenn ich in ihrem Arm liegen darf. Ich bleibe so lange auf meinem Höckerchen stehen, bis sie den Arm aufhält. Meistens macht sie das auch, aber manchmal mag sie lesen oder schreiben und braucht beide ihrer Arme. Die stellt sich auch an, ich muss dann bei den Beinen liegen, nun ja besser als gar nichts. Kuscheln ist für mich überlebenswichtig, es würde mir ohne engen Körperkontakt ganz furchtbar schlecht gehen. Zum Glück liebt Frauchen das genauso wie ich. Sie sagt immer, sie knuddelt mich bis ich grunze. Wenn es einem von uns schlecht geht, hilft immer Bullyknuddeln. Bullyknuddeln hilft immer gegen alles, da könnt ihr euch drauf verlassen. Bevor es mich gab, wusste Papa gar nicht, dass er kuscheln mag. Ich habe ihm das beigebracht und jetzt schlafe ich jeden Abend in seinem Arm. Seitdem hat er viel weniger Schlafstörungen.

Am tollsten sind Wochenenden, da können wir länger schlafen. Wenn wir dann irgendwann wach werden, beginnen wir den Tag standesgemäß mit kuscheln. Ich komme dann mit meinem Kopf ganz nah ans Gesicht und atme meine Menschen so lange an, bis sie wach sind. Dann darf ich unter die Decke und wir kuscheln ausgiebig bis der Kaffeeduft nach Frauchen ruft und das Frühstück nach mir. Frauchen sagt immer, sie hofft, dass ich immer ihr Kuschelbully sein werde. Aber klaro, bis zum letzten Atemzug, Bullyehrenwort.

L

Leckerli

Hatte ich eigentlich schon erwähnt, dass ich das beste Frauchen der ganzen Welt habe? Auch wenn wir uns manchmal uneinig sind, habe ich sie soooo furchtbar lieb. Ihr meint ich übertreibe? Ganz und gar nicht, wisst ihr auch warum? Weil ich wegen meiner blöden Allergien so wenige Lebensmittel vertrage, backt sie mir alle Leckerli und Kekse selbst. Sie mixert einfach alle leckeren Sachen zusammen, die ich vertrage und mag (jaaaa, ich mag alles, okay!) und dann streicht sie alles in eine ihrer vielen Backmatten und schiebt sie in den Ofen. Ihr könnt euch vorstellen wie gut mir das dann schnuppert. Aber ich darf dann nicht betteln oder jammern, sonst werde ich aus der Küche verbannt. Das geht natürlich nicht, denn wenn sie fertig gebacken sind und von der Matte auf das Blech fallen, muss ich natürlich anwesend sein. Ich lieeeebe das Geräusch von purzelnden Leckerli. Aber wenn welche aus Versehen auf den Boden fallen, darf ich die nicht klauen. Dann gibt es ein Donnerwetter, denn sie sind noch ganz heiß. Wenn ich sie also brav liegen lasse, lobt mich Frauchen und gibt mir ein abgekühltes. Super Deal. Wenn alle fertig gebacken sind, könnte man ja meinen, die Futterparty kann starten. Aber nein, die guten Stückchen müssen dann noch im Backofen trocknen. Zwei Stunden riecht es dann noch herrlich im ganzen Haus. Also Papa empfindet das im Übrigen nicht so, der hasst ja Käse und wenn Frauchen mit Parmesan backt, flüchtet er immer. Kann ich gar nicht verstehen, das riecht doch soooo yummi. Ich verstehe auch nicht, warum man die Leckerli trocknen muss. Frauchen sagt, damit sie lange halten. Haha, als wenn die bei mir lange halten würden.

Meine Gute-Nacht-Kekse backt sie mir auch selbst. Die bekomme ich abends, damit mein leerer Bauch nicht übersäuert, weil ich doch nur morgens Futter bekomme. Sonst muss ich mich nachts oder früh morgens übergeben. Man könnte ja denken, meine Menschen könnten mir einfach öfter Futter geben. Ich bin natürlich dafür, von mir aus den ganzen Tag lang. Jede Stunde wäre ganz angenehm für mich. Nein, aber im Ernst. Seitdem ich nur morgens Futter bekomme, geht es mir viel besser. Wir machen das jetzt schon eineinhalb Jahre. Die Ärzte in unserer liebsten Klinik haben gesagt, ich kann die Eiweiße nicht gut spalten. Morgens sind die Enzymdinger zum Spalten wohl höher und ich kann alles besser verwerten. Dann machen wir das mal lieber weiter so, denn wer hilft, hat recht. Zum Glück bekomme ich über den Tag verteilt meine Leckerli. Entweder im HollyBolly oder HollyBall oder wenn wir üben. Wenn ganz schlechtes Regenwetter ist und wir nicht laufen können, darf ich Knochen knabbern. Außerdem gibt es noch getrocknetes Fleisch zum knuspern. Frauchen hat mir beigebracht, es zu Kauen. Am Anfang habe ich ja solche Leckereien immer verschluckt, weil ich so gierig war. Seitdem mir Frauchen aber beigebracht hat, wie man kaut, darf ich auch eine bestimmte Sorte haben. Ich kaue nämlich längst nicht alles und manche Stücke mag sie ja nun auch nicht eine halbe Stunde lang festhalten, bis ich es abgekaut habe.

Ihr seht also, trotz Allergie muss ich nicht verhungern und habe Abwechslung. Weil Frauchen für mich backt, weiß sie auch genau was gesundes drin ist. Wenn sie Mal wieder im Backwahn ist, macht sie so viele Leckereien, dass sie sie für den Tierschutz verkauft oder versteigert. Da haben dann alle was davon. Meine Gläser sind immer voll und andere Wuffis denen es nicht so gut geht, haben auch etwas davon.

Leinenführigkeit

Ich würde mal behaupten, an der Leine bin ich nicht unbedingt ein Vorzeigebully. Es ist nicht so, als würde ich meine Menschen durch die Gegend ziehen. In den meisten Fällen laufe ich sowieso frei oder an der Schleppleine. Wenn ich dann aber an der kurzen Leine bin, habe ich schon die Tendenz nach vorne zu laufen. Ursprünglich war es meinen Menschen auch ganz recht, immerhin habe ich mir früher alles vom Boden geklaut, was nicht Niet- und Nagelfest war. Also wollten sie mich lieber im Auge behalten und sehen was ich treibe um rechtzeitig einzugreifen. Das mache ich ja schon lange nicht mehr, aber vorweg laufen mag ich nach wie vor. Das liegt aber ja mal ganz klar am anderen Ende der Leine. Unter Leinenführigkeit verstehe ich nämlich, die Art und Weise wie der Mensch die Leine führt. Nicht andersherum wie es immer heißt, ein Hund ist leinenführig. Ne ne, so einfach ist das nicht. Ich orientiere mich an dem Menschen am anderen Ende der Leine und dementsprechend laufe ich. Es kommt auf die Körpersprache des Menschen an, das hat Frauchen in der Hundeschule gelernt. Kommen wir wieder zu der Frage, warum es Hundeschule und nicht Menschenschule heißt, aber naja. Wenn Frauchen sich also wirklich fest im Kopf vor nimmt, souverän zu laufen, dann bleibe ich bei ihr. Spaziert sie nur so rum, gehe ich meinen eigenen Weg. Grundsätzlich möchte Frauchen, dass die Leine locker ist und ich nicht ziehe, das funktioniert auch gut. Laufen wir aber an der Straße oder anderen ablenkungsreichen Orten oder kommt uns ein Hund entgegen, muss ich neben Frauchen laufen. Sie hat das jetzt voll drauf und ich vertraue ihr und mache super mit. Denn so kann sie mich jetzt durch Situationen führen, die mich unsicher machen und bei denen ich früher den Leinenrambo gemacht habe. Sie hat sich früher immer Gedanken gemacht, was die anderen Leute denken. Unser Trainer hat ihr aber verständlich gemacht, dass es ganz egal ist und wenn ich die randalierende Bulldogge bin, kann sie es in dem Moment sowieso nicht mehr ändern. Seitdem hat es bei ihr Klick gemacht und ich habe nicht einmal wieder an der Leine randaliert. Hatte ich eigentlich erwähnt, dass ich Frauchens Spiegel bin? Ist Frauchen entspannt und klar, bin ich es auch. Wenn uns z.B. früher randalierende Hunde entgegengekommen sind, hat Frauchen gedacht, die haben ihre eigenen Probleme und ich war entspannt. Ironischerweise haben uns die anderen Hundehalter dann gelobt. Sind und allerdings die entspannten Hunde entgegengekommen, die nie eine Leine benötigen, hatte Frauchen Gedankenkarusell und ich habe die Wuffis doof angemacht. Ebenso konnte ich am Wochenende jegliche Begegnungen entspannt meistern, während ich in der Woche genauso angespannt war wie Frauchen. Aber mittlerweile läuft es richtig rund bei uns. Letztens hatten wir Stadttraining mit der Hundeschule und wir zwei beide sind besser denn je gelaufen. Auch wenn manche Situationen stressig für mich waren, hat Frauchen mich kompetent geführt. Wenn ich mich in Situationen unwohl fühle und wir sie aber aushalten müssen, parke ich mich jetzt immer zwischen Frauchens Beinen. Da fühle ich mich sicherer.

Ich mag deswegen noch lange nicht alle Hunde, aber das muss ich auch nicht. Menschen können sich auch nicht immer leiden. Ich mag es auch immer noch nicht, von fremden Hunden an der Leine beschnüffelt zu werden. Das darf nur meine Ella. Ohne Leine sieht das alles anders aus, aber das ist ja auch klar. Es nützt auch nichts, wenn ein Hund bei seinem Menschen läuft, weil die Leine so kurz und stramm ist, dass ihm nichts anderes übrigbleibt. Deswegen ist der Wuffi nicht von der Führung des Menschen überzeugt, er hat nur keine andere Möglichkeit. Nur wenn der Hund aus Überzeugung gerne bei seinem Menschen läuft, ist der Mensch leinenführig.

M

Mandarinchen

Ebenso wie Äpfel und Bananen sollten Mandarinchen meiner Meinung nach separat erwähnt werden. Die sind mir nämlich so furchtbar lecker, dass ich anfange zu sabbern, wenn ich sie nur rieche. Da es sie nur in den kalten Monaten gibt, freue ich mich dann ganz besonders. Frauchen isst dann fast jeden Abend zwei Stück auf dem Sofa beim Fernsehen. Ich bekomme dann auch zwei, drei Stückchen ab. Da ich das genau weiß, läuft mir schon beim reinen Anblick im wahrsten Sinne des Wortes das Wasser im Mund zusammen. Deswegen benötige ich ein Sabbertuch. Ich darf ja die Couch nicht einwutzen, sonst gibt es für mich dort nichts mehr. Da ich die Sabberfäden bei Mandarinchen einfach nicht unter Kontrolle habe, legt Frauchen mir ein Sabberzewa unter. Am besten ist es eigentlich, wenn Papa uns die Mandarinchen schon in der Küche schält, dann muss ich nicht ganz so lange warten. Frauchen mag nämlich die weißen Fäden daran nicht und es dauert eine gefühlte Ewigkeit, bis sie fertig ist. Irgendwann sagt sie dann es gäbe nichts mehr, dabei sehe ich dann immer noch etwas in der Schüssel und es riecht mir immer noch gut. Aber das ist wohl nur die Schale und wenn ich meinen Menschen Glauben schenken soll, darf man die wohl nicht essen. Also muss ich bis zum nächsten Abend warten.

Männchen machen

Also das ich gerne trickse habt ihr ja bestimmt schon mitbekommen. Im Laufe der Zeit, habe ich schon einige lustige Sachen gelernt. Ich mache das gerne, weil mein Köpfchen was zum Arbeiten hat, ich gerne im Mittelpunkt stehe und Leckerli dafür bekomme. Ich kann z. B. Pfötchen geben, Pfote irgendwo drauf legen, Kopf ablegen, verbeugen, seitwärts und rückwärts laufen, mich zudecken, in die Kamera schauen, zick zack durch die Beine laufen, einparken, auf Frauchens Füßen laufen, etwas auf dem Kopf balancieren, etwas im Maul halten, jammern, rechnen und bestimmt noch mehr Sachen, die mir gerade nicht einfallen. Manche Tricks gebrauchen wir häufiger z. B. für Bilder oder weil sie mir liegen und ich sie gerne mache. Am liebsten aber mache ich Männchen. Wenn ich mag, kann ich das ganz lange halten und sehe dabei aus wie ein Erdmännchen. Deswegen heißt das bestimmt auch so. Das war einer der ersten Tricks, die ich jemals gelernt habe und meine Muskulatur hat das in sämtlichen Lebenslagen voll drauf. Ich kann das auf dem Boden, auf einem Hocker, einem Baumstamm oder wo es uns sonst noch so einfällt. Wisst ihr, ich mache Männchen so gerne, weil alle Menschen dann immer „Ohhhhhh" mit strahlenden Augen und Lächeln machen. Männchen machen kommt einfach immer gut an. Deswegen mache ich z. B. beim Üben mit

Frauchen auch schon mal Männchen, wenn ich es gar nicht soll. Dann weiß sie, dass sie wieder zu kompliziert und verwirrend für mich ist und ich nicht verstehe, was sie von mir möchte. Manchmal mag ich aber auch einfach gar nicht abwarten, welches Kommando sie mir gibt und fange schon alleine an. Männchen kann man doch immer mal anbieten. Wenn ich draußen etwas besser sehen möchte, dann mache ich „Frauchen". So heißt es, wenn man sich ganz lang streckt und nur noch auf den Hinterpfoten steht. Da habe ich dann alles im Blick. Manche Tricks haben wir nur eine Zeit lang geübt und sie dann nicht mehr so oft wiederholt. Deswegen müsste ich sie wohl nochmal üben. Aber manchmal haben wir auch einen Trick aufgegeben, weil er nie so richtig funktioniert hat und nach einem Jahr oder länger, hat es einfach geklappt. Mein Männchen funktioniert allerdings immer und zu jeder Zeit, immerhin kann man damit auch charmant versuchen zu betteln. Wäre ja gelacht, wenn ich das nicht perfektioniert hätte.

Melone

Okay versprochen, die Melone ist das letzte Obst, was ich erwähne. Aber sie zählt eben auch zu meinem Lieblingsobst. Am meisten mag ich Honigmelone, aber jede andere schmeckt mir auch. Melone kaue ich auch ganz genüsslich und schmatze dabei ganz laut. Im Sommer macht mir

Frauchen in ihren Backmatten Hundeeis. Sie mixert einfach Melone und Joghurt oder was gerade da ist und schiebt es dann in den komischen kalten Schrank. Und etwas später, simsalabim bekomme ich Eis in Form einer Pfote oder eines Knochen. Mhhhh lecker schmecker. Ich darf nicht so viel davon haben, aber wenn es richtig heiß ist, kann ich mich so sehr gut abkühlen. Wenn meine Menschen in ihrem Stammkaffee Frühstücken gehen und ich manchmal mit gehe, bekomme ich dort meinen eigenen Teller mit Melone. Das ist ganz bullytastisch und ich bin dann auch nur ganz dezent gierig. Alle Stammwuffis bekommen dort etwas, weil sie dort gerne gesehen sind. Da ich aber ja nicht so viel vertrage und Melone lieeeebe, bekomme ich immer extra klein geschnittene Melone. Dicken Bullyknutscha an meine liebste Melonendealerin an dieser Stelle.

Neben den bereits erwähnten Leckereien mag ich noch gerne Erdbeeren, eigentlich Beeren jeder Art, Ananas, Möhren, Gurken, Salat und alles was es noch an Obst und Gemüse gibt, welches Hunde füttern dürfen. Die anderen Sachen mag ich auch, aber die sind ja giftig für mich. Weintrauben z. B., dabei sind die mir auch sehr lecker.

Eigentlich wollte ich noch einen extra Punkt M wie Mampfen schreiben. Immerhin ist das die wichtigste Sache im Leben einer Bulldogge. Vielleicht ist das auch ein Klischee und es ist nur die wichtigste Sache in meinem Leben. Wie auch immer, Mampfen ist nicht nur einen separaten Punkt wert, es wird uns in diesem Buch stets begleiten. Also falls es euch bis jetzt noch nicht aufgefallen sein sollte, ich ersetze es auch gerne mit schleckern oder futtern. Die Gewichtung ist allerdings jeweils dieselbe.

N

Nein

Das Thema Kommunikation zwischen Menschen und Hunden, habe ich ja bereits kurz angesprochen. Es heißt eigentlich, in einem Leben mit einer Bulldogge geht es den ganzen Tag nur darum, zu schauen, was der andere gerade isst. Ich kann das nur bestätigen. An zweiter Stelle dreht es sich aber darum, den anderen zu verstehen. So schwer wie es euch Menschen manchmal fällt uns Wuffis zu verstehen, so schwer fällt es uns, euch zu verstehen. So viel Gerede, Gesten die nicht zur Mimik passen und eine Körpersprache, die nicht zu den Wörtern oder der Stimmlage passt. Alles nicht so einfach.

In meinem bisherigen Bullyleben bei meinen liebsten Zweibeinern habe ich schon unzählige Wörter gehört und viele Kommandos kennen gelernt. Doch eines ist ganz wichtig und da gibt es auch nicht viele Ausreden, es heißt „Nein". Meistens wird es in einem klaren und lauteren Ton ausgesprochen und es wird immer alleine benannt. Nein ist nein, da kommt kein Wort davor oder dahinter. Sehr gut verständlich für mich. Es liegt also nicht an der Aussprache, so wie bei man anderen Dingen, bei den Menschen einfach mal so selbstverständlich davon ausgehen, dass wir verstehen was sie meinen, obwohl sie sich alles andere als klar ausgedrückt haben. Nein heißt für mich, lass das, was du gerade tust. Beim neuen

Trainer hat Frauchen gelernt, mir nicht nur etwas zu verbieten, sondern mir zu dem eine Alternative zu geben. Also bemüht sie sich meist mir zu sagen, was ich anstatt dessen tun soll. Das macht für mich auch viel mehr Sinn und ist nur fair. Kleinen Kindern erklärt man ja auch, warum es gerade keine gute Idee ist, vor das heranfahrende Auto zu laufen. Nein heißt auch nicht unbedingt, dass ich etwas falsch gemacht habe, es bedeutet auch, mich davor zu bewahren etwas bestimmtes zu tun. Mittlerweile zweifele ich das Nein meiner Menschen nicht mehr an. Früher war mir egal, was sie gesagt haben. Heute vertraue ich ihnen und weiß, dass sie sich etwas dabei denken, oder ich nehme es einfach so hin, weil sie es eben sagen. Manchmal muss ich allerdings nochmal ein wenig länger darüber nachdenken, ob das Nein gerade sinnvoll für mich ist. In diesem Fall, hat es immer etwas mit Mampfen zu tun oder etwas gleichwertig Interessantem. Ganz selten, wenn ich mich unwissend in Gefahr begebe oder Frauchen ganz furchtbar sauer auf mich ist, lässt sie ein Nein los, das von ganz tief innen aus ihrem Herzen kommt. Dann weiß ich sofort was die Stunde geschlagen hat und höre auf oder komme zurück. Das kommt zwar selten vor, aber wenn, dann meint sie es wirklich ernst. Glücklicherweise reicht meist ein normales Nein.

Ich würde mir wünschen, dass alle Menschen das Nein der Hunde auch so gut verstehen würden, wie wir es tun. Dann würde es viel weniger Unfälle und blöde Situationen geben. Wuffis haben auch das Recht Nein zu sagen. In der Tierwelt gibt es meist eine kurze, klare Ansage und gut ist. Menschen verstehen die Signale häufig nicht, wenn ein Hund sagt, dass er etwas nicht möchte. Wenn ihm etwas zu nah, zu eng oder zu unbehaglich ist. Dabei gibt es so viele Signale z. B. gähnen, Kopf wegdrehen, Augenkontakt vermeiden, Lefzen lecken oder hochziehen, knurren usw. Wenn all diese Signale ignoriert werden, müssen wir schnappen oder sogar beißen. Bei jedem Wuffi sehen die Signale anders aus. Wenn ich gestresst bin, aus welchem Grund auch immer, werden meine Pupillen ganz groß. Auch wenn ich ins Licht sehe und ich lege die Ohren an. Um diesen Situationen aus dem Weg zu gehen, drehe ich mich weg, hebe beschwichtigend die Pfote und setze mich abwartend hin um auf ein Kommando zu warten, was mir Orientierung gibt. Bei Hundebegegnungen gehe ich an den Wegesrand zum Schnüffeln oder fresse Gras. Am liebsten gehe ich einen Bogen und nicht frontal auf fremde Hunde zu. Ich habe in meinem Leben nur ein oder zweimal geknurrt und da hat Frauchen mich gelobt. Sie wäre froh, wenn ich das als Warnung machen würde, oder Zähne fletschen, wie andere Hunde. Aber das liegt mir nicht, ich gehe lieber direkt zum Angriff über. Also müssen meine Menschen meine Nein-Signale sehr genau deuten. Es gibt also nicht nur für Hunde ein Nein.

Wenn Mensch und Tier zusammenleben, gilt es für alle, es zu beachten.

O

Ohren

Ich lasse mittlerweile ja alles mit mir machen und meine Menschen dürfen mir immer helfen, fremde Menschen auch. Ich mag längst nicht alles gerne, Fiebermessen z. B. ist echt für den Allerwertesten, aber nicht schlimm.

Ich kann es allerdings überhaupt null gar nicht leiden, wenn mir jemand in den Ohren rum mengt. Ob das ein Arzt oder Frauchen ist, spielt dabei keine Rolle. Reinschauen okay, aber mit einem Tuch drinnen sauber machen ist voll ätzend. Auch das lasse ich über mich ergehen, aber ich gebe schon deutlich zu verstehen, dass ich es wirklich hasse. Ich schnappe nach dem Tuch, nicht böse, nur so zaghaft, oder ich drehe mich so, dass Frauchen nicht ans Ohr dran kommt. Leider nützt mir das nichts, denn sie gibt einfach nicht auf. Sie sagt, wer sich immer im Dreck wälzt, muss da eben durch. Dann werfe ich mich auf die Seite und lege mich auf mein Ohr, leider habe ich ja zwei und so kommt Frauchen dann an das andere Ohr dran. Mein Plan hat also immer Lücken. Im Sommer muss ich dann so alle zwei Wochen da durch, weil ich mich mehrmals täglich im Staub suhle, wenn es heiß ist. Im Winter habe ich nur normalen Ohrenschmodder, da müssen wir sie nicht so oft sauber machen. Aber manchmal sind kleine Haare vom Fell drin und die kitzeln mich dann.

Als ich früher noch schlimm Allergie hatte, waren meine Ohren immer entzündet. Ständig musste jemand was an meinen Ohren machen, das war supie nervig. Am schlimmsten waren die Tropfen. Frauchen mag bei sowas ja lieber, dass ich es freiwillig mitmache und mich keiner festhalten muss. Bei Ohrentropfen braucht es wirklich viel Käse, Geduld, Überredungskünste und noch mehr Käse. Zum Glück habe ich seit fast zwei Jahren Ruhe mit meinen Ohren und beim Saubermachen muss ich eben weiterhin durch. Ist halt so wenn man offenstehende Batman Ohren hat und ein Batschhund ist.

Oma und Opa

Zu meinen Zweibeiner-Menschen zählen nicht nur Frauchen und Papa, sondern auch Oma und Opa. Ich habe sogar zwei von jedem und alle wohnen bei mir in der Nähe. Habe ich es gut, denn mit Bully- Großeltern ist es wie bei Menschen. Als Enkel kann man nur froh sein, dass man sie hat, in diesem Fall bin ich eben ein Enkelhund. Die Worte Oma und Opa kenne ich auch ganz genau. Wenn ich sie höre, wackelt nämlich mein Popo vor Aufregung und ich werde ganz hibbelig.

Also zum einen gibt es Frauchens Eltern, zu denen müssen wir eine kurze Strecke mit dem Auto fahren. Meistens sehe ich sie aber einmal in der Woche. Oma kommt regelmäßig zu uns nach

Hause, wir gehen zusammen eine schöne Bullyrunde oder wir besuchen sie zu Hause. Wenn meine liebsten Menschen mal länger wegfahren wollen, ein paar Stunden oder über Nacht, dann bleibe ich bei Frauchens Eltern. Manchmal sind sie ganz lange weg, sie fliegen dann in den Urlaub. In der Zeit bin ich dann ein Ferienbully bei Oma und Opa. Ich bin sehr gerne bei ihnen. Wenn meine Menschen mich zu ihnen bringen und mich dort lassen, laufe ich noch nicht mal hinterher. Von mir aus können die einfach gehen, ich fühle mich nämlich bullywohl dort. Das liegt daran, dass Oma von Anfang an von Frauchen gelernt hat, wie sie mir die Flausen aus dem Kopf treiben kann. Bei ihr gelten dieselben Regeln wie zu Hause, sie übt auch mit mir und so kann ich mich prima orientieren und weiß woran ich bin. Opa fällt das manchmal noch ein wenig schwerer, er ist nicht so erfahren und verbringt wegen der Arbeit auch weniger Zeit mit mir. Aber er lässt sich von Oma sagen, was wichtig ist und er bemüht sich. Ich versuche dann auch ganz lieb zu sein, damit er Freude mit mir hat. Ich schlecker ihn gerne ab, er mag das nicht, aber ich sage ihm damit, wie gern ich ihn habe. Ich glaube er hat mich auch sehr gerne und wenn ich ein Ferienbully bin, gewöhnen wir uns schnell aneinander. Ich kann mit beiden prima kuscheln und Oma macht auch immer Blödsinn mit mir. Manchmal versuche ich sie ein wenig zu testen, aber sie durchschaut mich immer und dann gebe ich lieber auf. Meistens sagen sie aber, ich sei so lieb bei ihnen, sie merken manchmal gar nicht, dass ich da bin. Meine Menschen sind sehr froh darüber, denn sonst könnten sie nicht beruhigt in den Urlaub fliegen und würden es auch nicht machen.

Im Winter kann ich bei Oma und Opa immer direkt vorm Ofen auf dem Teppich liegen. Das mache ich so lange, bis ich durchgebacken bin. Ich darf bei Oma und Opa auch auf die Couch, aber nicht ins Bett. Ich schlafe daneben in meinem Körbchen, wie früher zu Hause. Das ist gar kein Problem für mich, Hauptsache ich bin im selben Raum. Der olle Kater ist aber zum Glück nicht im selben Raum. Wenn ich zu Besuch bin, hat er sein eigenes Zimmer ganz für sich alleine. Das ist für alle das Beste. Oma und Opa sagen immer, ich sei ihr bester Bubi. Aber wenn ich wieder weg bin, freuen sie sich auch ganz sehr, ihren Schlumba-Kater wieder um sich zu haben.

Zum anderen gibt es da noch Papas Eltern, das sind Oma und Opa, die bei uns im selben Dorf wohnen. Opa sehe ich jeden Tag in der Firma. Bevor er mich kannte, hatte er mit Hunden gar nichts am Hut. Doch von der ersten Sekunde an, als wir uns kennen lernten, hatte ich ihn bereits als mini Welpe um meine kleine Pfote gewickelt. Das ist auch heute noch so. Ich habe wohl mit meinem Bullyzauber sein Herz erweicht. Auch wenn ich manchmal ein wirkliches Ungeheuer sein konnte, und auch immer noch sein kann, ist er mir nie böse. Manchmal mache ich noch gerne den Kontrolletti bei ihm, weil ich genau weiß, dass es funktioniert. Frauchen zieht mir allerdings immer einen Strich durch die Rechnung. Manchmal wäre ich froh, wenn Opa sich auch an alle Regeln halten würde, das wäre weniger Stress für mich. Aber ich weiß auch, dass er meinem Knautschgesicht einfach nicht widerstehen kann und mir im Grunde nur gut möchte. Wie hat die Tierärztin damals bei meiner Kastration zu Papa gesagt: "Ja ja, bei den kleinen Fellnasen werden selbst die härtesten Männer ganz weich."

Meine andere Oma sehe ich in letzter Zeit nicht mehr so oft wie früher. Das liegt daran, dass sie jetzt endlich weniger arbeitet. Eigentlich sollte sie das gar nicht mehr machen, aber sie muss erst lernen, das Leben so zu genießen wie ich. Manchmal macht sie das auch und geht mit uns laufen. Ich bringe sie immer zum Lachen und zeige ihr meine Natur. Sie kann dann gut durchatmen und genießt es. Sie ist diejenige, die mir immer heimlich kleine eingepackte Leckereien mitbringt, die sie gaaanz zufällig vorher zu Hause hatte. Manchmal kocht sie für meine Zweibeiner mit und dann packt sie mir extra Kartöffelchen ein. Die sind dann nur für mich, zum Glück, denn bei uns zu Hause gibt es die gar nicht so oft. Meine Menschen essen eher Nudeln und Reis und das darf ich nicht mampfen.

Also jedenfalls hatte die Papa-Mama-Oma früher Angst vor Hunden. Sie hat mal schlechte Erfahrungen gemacht und es behagte ihr alles nicht so sehr. Doch dann kam ich und sie setzte sich immer mehr mit Wuffis auseinander. Mittlerweile schaut sie mit Opa Hundesendungen und lernt dadurch mehr über uns. Letztens haben wir auf dem Feld Hundefreunde von mir getroffen, die sie aber noch nicht kannte. Sie hat sogar allen dreien ein Leckerli gegeben. Sie sind auch bullyfiziert und freuen sich immer, wenn sie irgendwo einen Bully sehen und erzählen dann von mir.

Zusammenfassend kann ich also sagen, dass ich mit Omas und Opas gesegnet bin. Ich bekomme auch Geschenke zum Geburtstag und zu Weihnachten von ihnen. Eine Tüte voll Obst, Käsegeld oder einen Gutschein für Streicheleinheiten. Läuft also für mich, ich habe sie alle um die Pfote gewickelt, jeden auf eine andere Art und Weise. Ich habe sie alle lieb und bin froh sie zu haben.

P

Pfoten

Als ich ein Bullywelpe war und meine Allergien begannen, wussten meine Zweibeiner noch nichts davon. Ich fing an, meine Pfoten zu schlecken und Frauchen sagte, ich werde erwachsen, weil ich mich jetzt putze. Dem war aber nicht so. Frauchen hat unsere Odyssee ja in ihrem Buch beschrieben, deswegen mache ich das nicht nochmal. Zusammenfassend kann ich nur erklären, dass ich Dinge, die ich nicht vertrage, über die Haut ausdünste. Mein Körper kann mit ihnen nicht gut umgehen und irgendwohin müssen sie ja. Deswegen bin ich schon zweimal quasi explodiert. Mein Körper war einfach voll und ich habe offene Stellen bekommen. Ich glaube die nennt man Hotspots. Hot war das damals, dass kann ich euch sagen. Zudem lauter juckender Ausschlag, das war nichts. Meine Pfoten riechen mir dann nicht gut und ich schleckere die ganze Zeit an ihnen. Sie jucken auch und ich kann dann nicht aufhören. Wenn meine Menschen mich dann nicht rund um die Uhr im Blick haben, lecke ich meine Pfoten wund. Außerdem ist meine Schleckerzunge ja auch nicht sauber wie ein Sakrotantuch und deswegen kommen alle Bakterien in die Haut. Frauchen sagt dann immer ich habe Knist an den Pfoten, dann schmerzen sie mir auch und ich kann z. B. gar nicht mehr auf Schotter gehen. Aber so schlimm wird es eigentlich gar nicht mehr.

Frauchen sorgt vor und macht die Zaubermittelchen drauf. Seitdem wir genau wissen, was ich mampfen darf und was nicht, und ich jeden Tag meine Pülverchen futtere, sind die Pfoten immer öfter richtig gut. Doch schleckern tue ich sie dennoch. Ich habe es mir so fest angewöhnt, es ist einfach in meinem Köpfchen drin. Das erste was ich tue, wenn ich morgens aufstehe, ist Pfoten schlecken, jeden Morgen. Meine Menschen sagen dann, dass ich es lassen soll und ich höre auf. Wenn ich gestresst bin, schlecke ich Pfoten. Wenn ich Rückenschmerzen habe und deswegen gestresst bin, schleckere ich Pfoten. Zum Glück haben meine Menschen das mittlerweile durchschaut und helfen mir dann, damit es mir flotti besser geht. Es ist auch kein Aufmerksamkeitsding wie man vielleicht meinen könnte. Ne, wenn es ganz schlimm ist und ich nicht schleckern darf, dann verstecke ich mich heimlich irgendwo. Ich gehe dann z. B. im Treppenhaus in den Keller und hoffe dort in Ruhe Pfoten lecken zu können. Aber mein Plan geht nie auf. Wenn ich in der Firma alleine im Büro bin, cremt Frauchen mir die Pfoten ein und zieht mir meine Batmansocken an, damit ich nicht schleckere. Aber das kommt nur noch ganz selten vor. Frauchen hat drei Jahre lang nach dem richtigen Futter für mich gesucht und der Allergie den Kampf angesagt. Deswegen geht es mir heute so gut und ich kann prima damit leben. Aber Pfoten schleckern werde ich wohl immer. Mal mehr, mal weniger, aber das habe ich so in meinem Kopf gespeichert. Wenigstens lasse ich mir immer helfen und mag es sehr gerne, wenn man meine Pfoten pflegt. Außer die fettige Creme gegen rissige Ballen, die finde ich so lecker schmecker, die würde ich am liebsten immer gerne abschleckern. Aber ich glaube, dafür war sie nicht gedacht.

Physio

Auf meiner Seite habe ich euch schon öfter von meiner liebsten Physiofrau berichtet. Wir gehen jetzt schon lange zu ihr. Sie macht mir immer Akupunktdings aber ohne pieksen, dabei muss ich ganz stillsitzen. Dann montiert sie mir so lange am Rücken rum, bis meine Verspannungen gelöst sind. Ich mag sie wirklich gerne und gehe auch freudig zu ihr, aber manchmal möchte ich sie gerne fressen. Dann hat sie mein Au gefunden und ich bekomme große Pupillen und möchte lieber weg von ihr. Aber ich muss dann da durch und Frauchen überzeugt mich mit Leckerli, dort zu bleiben und durch zu halten. Und weil ich ihr kleiner Superheld bin, mache ich das auch. Danach weiß ich auch wofür ich durchgehalten habe. Mein Au ist dann nämlich weg und ich habe einen ganz entspannten Blick. Zu Hause packt mich Frauchen anschließend noch mit einer Wärmflasche unter die Decke. Im Bett lege ich mich dann am liebsten mit dem Rücken an Papas Bauch. Er sagt dann immer wir liegen Löffelchen.

Am nächsten Tag geht es mir meist wieder bullytastisch. Früher mussten wir öfter zur Physio, weil die Verspannungen so schlimm waren, dass sie nicht auf einmal weg gingen. Aber heute hat Frauchen mich im Blick und erkennt früher wann ich ein Au habe. Ich hatte ja bereits erwähnt, dass es einen besonderen Blick für starke Bulldoggen braucht. Wir zeigen nun mal keine Schwächen. Aber wenn ich Frauchen nerve, weil ich mich selbst nicht leiden kann und sie mich dann auch nicht leiden kann, ist davon auszugehen, dass mir etwas weh tut. Oder sie kämmt mich mit dem Furminator und mein Muskel zuckt. Sie drückt mir auch am Rücken entlang und es zuckt. Oder ich setze mich dann anders hin, oder drehe mich weg. So weiß sie, dass etwas nicht stimmt. Das ist wie beim Menschen, wenn man sich nicht wohl fühlt, ist man knatschig. Frauchen gibt mir dann Globuli und hält mich warm, das hilft meist schon. Wenn nicht geht's eben zur liebsten Physiofrau. Die hat übrigens auch einen HollyBolly und ich weiß genau, wo er in der Praxis liegt und schnüffele direkt los. Vielleicht finde ich ja noch Leckerli von den Vorgängern. Manche Leute fragen meine Menschen immer, warum wir Wuffis zur Physio müssen. Na das ist doch ganz klar genauso wie bei euch Zweibeinern. Eine blöde Drehung, etwas Überlastung, oder einfach Verlegen oder sonst etwas und schon habt auch ihr Schmerzen. Bei mir ist das nicht anders, nur dass ich zwischendrin noch waghalsige Stunts hinlege. Sei es beim Rennen, abruptes Abbremsen, Toben mit anderen Wuffis oder einfach mal wogegen laufen und im Sprint stolpern. Lauter so Sachen, die der Muskulatur nicht ganz so guttun. Manche sagen auch, Hunde entspannen durch Schwanzwedeln und weil Bullys keinen haben, können sie manche Muskelpartien nicht so gut lockern. Wer weiß? Ich bin schon ein gutes Muskelpaket, Frauchen übt auch zu Hause mit mir. Wir haben wackelnde Kissen und solche Sachen um die Muskulatur zu stärken. Aber manchmal hilft das eben alles nichts, aber dann hilft ja meine liebste Physiofrau, der ich an dieser Stelle danken mag, dass sie mich immer noch gerne hat und mich so nimmt wie ich bin.

Meine Menschen gehen immer zur Thaimassage oder liegen auf ihrem Knet-Otto, dem elektrischen Massagegerät und ich gehe zur Physio. Wenn ich so verrückt bleibe, wie ich bin, werde ich da wohl bis zum Rest meines Lebens hin gehen. Aber meine Menschen sind immer froh, wenn mir geholfen wird und dass wir die Möglichkeit haben. Stellt euch vor, es gibt Wuffis da kümmern sich die Menschen nicht so gut drum und die haben immer ein Au. Wie schlimm ist das denn?

Pipi machen

Ebenso wie den perfekten Ort für einen Haufen zu finden, ist das mit dem Pipi machen auch nicht ganz so einfach wie man vielleicht denken mag. Als ich noch ein kleiner Bullywelpe war, ist Papa nachts immer mit mir raus gegangen. Ich habe vielleicht drei oder vier Mal aus Versehen ins Haus gemacht. Nach ca. zwei Wochen in meinem neuen zu Hause, war ich schon ein großer Bub und war stubenrein. Ich habe das ganz schnell kapiert. Irgendjemand setzt einen auf die Wiese in den Garten und wenn ich dann piesele, werde ich gelobt. Zur gleichen Zeit sagt jemand „Pipi machen", ganz klar gespeichert. Im Laufe der Zeit stellte sich heraus, dass ich eher zum Pipi machen geschickt werden muss. Natürlich kann ich ausschließlich nur auf Rasen Pipi machen. Ich war mal mit in Köln in einem Billard Lokal. Es wurde klar, dass ich definitiv kein Stadthund bin. Ich habe viele Stunden lang nichts gemacht, weil es dort kein Grün gab. Nur so ein paar vertrocknete Halme an einem Baum, also ehrlich, ich kann so nicht arbeiten. Ich konnte erst zu Hause wieder laufen lassen.

Als wir wegen der Allergien mal bei einer Heilpraktikerin waren, musste ich lauter Zeugs zum Entgiften nehmen. Sie sagte auch, ich solle öfter Pipi machen und mehr trinken, damit meine Nieren besser gespült werden, oder so. Ich weiß das nicht mehr so genau. Ich weiß allerdings noch, dass ich während dem Entgiften so oft musste.

Und das hat gestunken, ich selbst habe auch alles ausgedünstet und rausgespült, man oh man, das war was. Auch heute muss ich immer rausgeschickt werden. Ich melde mich eigentlich auch nicht, denn ich kann ja einhalten. Wenn ich ganz selten mal dringend muss, setzte ich mich still und heimlich an die Tür und warte bis es jemand bemerkt. Aber das ist eher die Ausnahme, denn Frauchen schickt mich regelmäßig raus. Wir haben da so unsere Rituale, wer hätte es gedacht. Auf das Thema Rituale komme ich später noch zurück. Aber unser liebstes hat mit Pipi machen zu tun, deswegen erzähle ich es jetzt schon. Es ist jeden Abend gleich, immer, es gibt keine Ausnahmen. Man könnte darüber diskutieren, wer diesbezüglich wen erzogen hat. Es läuft folgendermaßen ab: Ich liege bei Frauchen im Arm auf dem Sofa. Sie schaut Fernseher und Papa liest meistens. Ich schnarche schön gemütlich unter der flauschigen Decke ab. Irgendwann kuschelt Frauchen mich ganz lieb und ich schnurre ganz arg. Es bedeutet, dass auch sie müde ist. Meistens fragt Papa dann ob wir schlafen gehen wollen. Oh ja gerne, denke ich mir. Er wird mich hochtragen und ich kuschele mich im warmen Wasserbett in seinen Arm und träume von mampfen, laufen, wälzen und all den tollen Dingen. Doch dann zerstört ein Satz meine Illusion „Bruno komm, Pipi machen!" Waaaas? Seid ihr wahnsinnig, ich habe geschlafen und draußen ist es kalt und nass und dunkel und eigentlich muss ich auch gar nicht. Also stelle ich mich regungslos schlafend und tue so, als sei ich taub und in den tiefsten Träumen. Einer der beiden wiederholt die Aufforderung, wohl bereits in dem Wissen, dass ich ihr nicht nachkommen werde. Ich warte geduldig ab, bis mein Stichwort kommt „Bruno, Keks!" Aha, geht doch. Urplötzlich erwache ich aus meinem komatösen Pseudoschlaf, hüpfe vom Sofa, muss aufpassen, dass ich die Kurve gut bekomme und sprinte zur Küche. Ich bekomme einen Keks in der Küche und einen an der Haustüre. Dann gehe ich Pipi machen und wir können ins Bett. Es ist jeden Abend exakt derselbe Ablauf. Ich muss ja sowieso meine Gute- Nacht-Kekse bekommen, weil ich sonst nachts den gelben Schaum brechen muss. Also verdiene ich sie mir, indem ich Pipi machen gehe. Eigentlich sind meine Menschen genauso durchschaubar wie ich. Sie wissen es auch und wir sind uns einig bei dieser Sache. So sehr, wie bei kaum einer anderen. So spielt abends jeder seine Rolle, alle finden es gut und jeder hat etwas davon.

Bei Regen zählt es im Übrigen zur Bullyquälerei, mich vor die Tür zu scheuchen. Keks hin oder her, das geht gar nicht. So gut können die Kekse gar nicht sein. Aber meine Menschen setzen sich dann durch und irgendwann gebe ich auf. Manchmal versuche ich sie zu überlisten. Ich warte dann kurz an der Treppe zum Garten und husche dann flott wieder rein. Aber Frauchen sagt dann immer „Niemals" und schickt mich wieder raus. Verdammt, also laufe ich so lange an der

Hauswand entlang, wie es geht. Irgendwann muss ich dann ins Nasse, Frauchen sagt dann immer ich stapfe so angewidert durch die Wiese als habe ich eine Gehbehinderung. Die hat gut reden, die kann ja Schuhe anziehen, außerdem haben die Menschen ihre große Pipischüssel ja drinnen.

Dann gibt es neben dem normalen Pieseln ja auch noch das Markieren. Weil ich so ein verrückter Hormonbully war, habe ich ja ganz jung den Hormonchip bekommen und wurde früh kastriert. Alle dachten ich würde niemals mein Beinchen heben und manche sagten, ich sei nie richtig erwachsen geworden. Doch als ich drei Jahre alt war, veränderte ich mich nochmal. Ich begann mein Beinchen zu heben, erst ganz selten, irgendwann regelmäßiger. Frauchen hat es bei den ersten Malen gefilmt, damit Papa es sehen kann, wenn er nicht dabei war. Denn das ist so ein Männerding und Papa hat sich riesig gefreut und war stolz auf mich. Frauchen ist es heute noch egal. Manchmal macht sie sich über mich lustig, ich kann nämlich nur links das Beinchen heben und rechts nur ganz selten und wenn dann aus Versehen. Wenn ich aber mal rechts wo dran markieren mag, sieht man mir an, dass ich will, aber nicht weiß wie. Anstatt mich umzudrehen oder es zu versuchen, hocke ich mich dann wie ein Mädchen. Frauchen lacht dann. Ist mir doch egal, Hauptsache die anderen Wuffis können meine Bruno Marke riechen, wird ja keiner gesehen haben, wie sie dorthin gekommen ist, hoffe ich jedenfalls. Frauchen war immer froh, dass ich nicht markiert habe. In der Hundeschule darf man ja z. B. nicht an die Geräte pieseln oder auch sonst findet sie es doof, wenn überall markiert ist. Ich bin da aber ganz pflegeleicht, ich piesele fast nur über Büsche, Haufen oder was sonst sowieso natürlich ist.

Aber einmal, da habe ich vor lauter Stolz markiert. Das war in der Hundeschule und ein großes Bulldoggen Mädchen ging mir ganz furchtbar auf die Nerven. Ich mochte sie einfach nicht und jede Woche gab sie keine Ruhe. Eines Tages habe ich ihr mal von ganzem Herzen die Meinung gesagt. Ich hatte es vorher auch schon versucht, aber sie ignorierte das, so wie ich selbst es bei anderen auch gut kann. An diesem Tag aber hatte ich die Nase voll und hab eine Packung verteilt. Siehe da, sie hörte auf, wir schüttelten uns und gingen unserer Wege. Boah, da war ich so stolz, dass ich mit geschwollener Brust an den Tunnel gepinkelt habe. Frauchen war so überrascht, dass ich zum ersten Mal an etwas markiert habe. Aber sie verstand die Situation und hat gelacht anstatt zu meckern. Wenn ich heute mit anderen Rüden unterwegs bin, kann Frauchen anhand des Markierens ganz gut beobachten, was zwischen uns so abgeht. Wer der Ckecker ist und wer über die Markierung des anderen pieselt und so. Bei den Mädels muss ich meist nicht den Helden markieren, da ist es entspannter. Entweder sie hassen und "verkloppen" mich, weil sie eben

Zicken sind, oder wir verstehen uns. Dazwischen ist meist nicht viel.

Pommes

Ihr wundert euch sicherlich, warum es einen Extrapunkt für Pommes gibt, obwohl ich ja bereits über Fritten erzählt habe. Na ganz einfach, weil ich sie so gerne mampfe, dass sie es verdienen, mehrfach erwähnt zu werden. Außerdem habe ich das bei Frauchen gehört, sie sagt nämlich immer, sie möchte Pommes mit Fritten essen. Ich möchte das auch, denn ich lieeeebe sie so sehr wie Frauchen und bin froh, dass meine Menschen ihre Pommes und ihre Fritten mit mir teilen.

Pralinen

Ich bleibe beim Thema futtern und komme zu meinen Pralinen. Ihr Menschen habt ja wohl auch Pralinen, habe ich gehört. Sie sind meist braun, klein, lecker in verschiedenen Geschmacksrichtungen und mit einem Happs im Mund. Genauso sind meine Pralinen, wahrscheinlich nennt Frauchen sie deswegen so. Vielleicht macht sie das aber auch nur, um besser darüber hinweg sehen zu können, denn Zweibeiner finden meine Pralinen äußerst ekelig. Ich kann das gar nicht verstehen, ich finde sie gar köstlich. Es ist mir auch egal, dass ein anderes Tier sie schon verdaut hat. Mein Kopf sagt mir, riecht gut, kann dein Körper gebrauchen. Eine Zeit lang habe ich jeden Tag ganz viel draußen mampfen wollen, nichts Böses wie früher. Ne, ich wollte Pralinen, Moos, Erde, Gras und so etwas. Ich habe gesucht wie ein Junky und hatte nur die Nase auf dem Boden. Mit entspanntem Spaziergang hatte das nichts zu tun. Frauchen und die Ärzte haben herausgefunden, dass meinem Körper etwas fehlt. Mutter Natur hat das schon so eingerichtet, dass der Körper weiß, was einem gut tut oder eben fehlt. Seitdem bekomme ich ein Mini bisschen pflanzliches Pulver ins Futter und es geht mir prima. Trotzdem klaue ich mir gerne Pralinen draußen. Die erschnüffel ich schon von weitem und Frauchen sagt, wahrscheinlich riecht es nach dem, was die Tiere gefuttert haben, denn meistens ist es eine Praline von Katzen. In deren Futter sind ja ganz viele Lockstoffe und die locken eben auch mich. Ich mag aber auch Pralinen von Schafen oder Rehen, das findet Frauchen zwar ekelig aber nicht so schlimm, die futtern ja auch nur Gras. Bei Pferdeäpfeln sieht sie das aber anders. Da bekomme ich richtig Ärger. Meistens sieht sie die ja von weitem und verbietet es mir vorher, aber manchmal ist sie einfach nicht schnell genug. Ich mag sie übrigens nur, wenn sie frisch sind, so ein Tag alt ist ganz prima. Später mag ich sie nicht mehr. Frauchen sagt, die Pferde können auch Medikamente bekommen und außerdem fressen sie Getreide, das ist beides nicht gut für mich. Ihr fragt euch sicher, warum ich überhaupt etwas von draußen fresse. Immerhin üben wir immer fleißig und natürlich habe ich guter Bubi auch gelernt, dass es gefährlich sein kann. Es gibt ja auch so herzlose Unmenschen, die Giftköder auslegen. Papa sagt immer, wenn er so einen erwischt, frisst der das Ding selbst. Eigentlich weiß ich auch, dass ich nichts vom Boden mampfen darf und wenn ich mal was gefunden habe, sagen meine Menschen „Pfui" und ich spucke es aus. Sogar Pralinen, aber das geht eigentlich nur, wenn sie fest oder gefroren sind. Sonst sind sie so weich, ich kann sie dann einfach nicht mehr ausspucken. Also ist das eben die Ausnahme. Für Menschen ekelhaft, für mich eine leckere Praline. So unterschiedlich kann es sein. Der Nachteil an der Sache ist, dass dann für den Rest des Tages immer keiner mehr mit mir schmusen mag. Ich würde auch die Menschenpralinen futtern, aber darf ich ja nicht. Ich könnte ja als Ausgleich etwas erwähnen, was euch Menschen schmeckt und für mich ekelhaft ist, aber mir fällt leider kein Beispiel ein.

Q

Quatschkopf

Meine Menschen sagen manchmal zu mir: "Du bist ein Quatschkopf". Genau deswegen bringe ich sie mindestens einmal am Tag zu einem herzhaften Lachen. Immerhin werden französische Bulldoggen auch Clown Hunde genannt, diesen Namen muss ich doch alle Ehre machen, oder nicht? Wenn Frauchen und ich Blödsinn machen und uns so richtig schön kabbeln, macht sie schließlich auch Quatsch mit mir. Wenn ich auf dem Rücken liege und alle viere von mir an ihre Hand strecke, sagt sie immer Brathähnchen zu mir. Sie rangelt dann mit mir und ich darf an ihren Händen knabbern, bis sie keine Lust mehr hat. Das macht mir riesig Spaß.

Ich mache aber auch gerne den Quatschkopf vor anderen Zweibeinern. Ich habe mich mal in einem Bällebad gewälzt in dem Wasser war. Eigentlich war mir nur warm und ich wollte mich abkühlen, dann habe ich aber gesehen, dass die Menschen das geknipsert und gefilmt haben. Da habe ich noch einen draufgelegt und auch immer schön geschaut, dass mir auch ja alle zusehen. Immerhin lachen die Menschen dann so schön und ich verbreite gerne gute Laune. Manchmal freue ich mich so sehr, wenn wir irgendwo hin gehen oder fahren, dass ich erst mal eine Runde den Clown machen muss. Ich hüpfe dann als hätte ich Nadeln unter den Pfoten. Weil mir der Boden meist rutschig ist, schliddere ich dazu auch noch durch die Gegend. Das macht das Gesamtbild einfach noch ulkiger.

Hauptsache meine Menschen und ich haben Spaß miteinander, egal wer der Quatschkopf ist. Das Leben ist doch viel zu kurz um immer Ernst zu sein. Deswegen ist meine Bullyempfehlung, mindestens einmal täglich Quatsch machen und drüber lachen.

R

Rituale

Wie bereits zwischenzeitlich erwähnt, haben wir einige Rituale. Abläufe, welche immer gleich sind. Meist haben sie sich so ergeben und sind nicht antrainiert. Obwohl man es mit Training vergleichen könnte, denn die ständige Wiederholung von etwas Erlerntem festigt sich im Kopf. Nur dass es bei unseren Ritualen nicht unbedingt beabsichtigt war. Wiederkehrende Routine bereiten Frauchen und mir einfach Orientierung und damit Sicherheit. Deswegen fühle ich mich in gewissen Grenzen wohl, sie nehmen mir die anstrengende Kontrolle. Aber unsere Rituale sind durchweg aus positiven Verknüpfungen entstanden. Manchmal ohne Grund, einfach weil es und gefällt und wir in irgendeiner Form einen Nutzen daraus ziehen. Beispielsweise warte ich jeden Morgen nachdem ich draußen war, auf meinem Platz auf meinen Frühstücksmampf. Für meine Menschen hat es den Vorteil, dass ich nicht zwischen den Füßen rumstehe. Frauchen ist sowieso ein Morgenmuffel, da geht man ihr besser vor dem ersten Kaffee aus dem Weg. Welchen Vorteil das für mich hat, kann ich nicht genau sagen. Man könnte mir auch einfach die ganze Vorratsdose auf meinem Teppich ausschütten. Ich brauche keinen Napf, einfach raus damit und es würde für alle schneller gehen. Nachdem ich meine viel zu kleine Tagesportion verdrückt habe, je nachdem was Frauchen dazu gegeben hat, geht das mal schneller, mal langsamer, setze ich mich neben Papa. Ich warte dann bis er fertig gefrühstückt hat und wir uns die Banane teilen. Man könnte es dezentes Betteln nennen. In diesem Fall schleckere ich aber nicht an meinen Pfoten, wie ich das morgens gerne tue. Papa stört es nicht, wenn ich neben ihm sitze und ihn beim Frühstück beobachte und Frauchen hat morgens keine Zeit und keine Lust auf Erziehung. Also haben wieder alle etwas davon.

Wenn wir dann in der Firma sind, jagt Frauchen mit Herrn Dyson durchs Büro, weil irgendeiner immer nochmal zwischendrin dort war und die bösen Aluspäne aus der Halle mitgeschleppt hat. Ich warte in der Zwischenzeit brav auf dem Fußabtreter bis sie fertig ist. Denn dann geht sie an den Computer und ich darf auf ihrem Schoß sitzen. Das machen wir jeden Morgen und das ist gut so. Ich habe Frauchen noch ein bisschen länger bei mir und sie kann entspannter in den Arbeitstag starten.

Wenn wir mittags nach Hause kommen, flitze ich jeden Tag die Kellertreppe hoch, schmeiße mich auf den Sisalteppich im Flur und schubber mich ausgiebig darauf. Ich mag einfach die raue Oberfläche und freue mich nach Hause zu kommen. Weil ich mich so wohl fühle ist es mir jeden Tag aufs Neue eine Freude.

So ziehen sich die wiederkehrenden Abläufe durch unseren Alltag. Es erleichtert uns das Zusammenleben und vermittelt Sicherheit. Manchmal müssen Menschen auch den ganzen Tag Entscheidungen treffen und reden und sind froh, wenn manche Dinge auch ohne großartigen Aufwand funktionieren. Für mich ist es einfacher, weil dies die Momente sind, in denen ich die Menschensprache auf jeden Fall verstehe, da ich den Ablauf kenne. Ich denke genauso wie es uns zusammenbringt, viele neue Dinge gemeinsam zu erleben, schweist es uns zusammen, geregelte Abläufe zu haben.

Rohre

Kennt ihr diese großen Betonrohre, die meist in irgendwelchen Gräben sind. Dort soll wohl Wasser abfließen, falls mal zu viel durch die Felder und Wiesen sickert. Also im Winter ist dort meist Wasser drin und im Sommer sind sie immer staubtrocken. Wenn ihr mal in der Zeitung lest, Hund durch Feuerwehreinsatz aus Kanalrohr gerettet, war ich das. So sagt es Frauchen jedenfalls immer scherzhaft. Wisst ihr, ich bin nämlich der weltallerbeste Rohrinspektor. Ich finde sie immer und überall und stecke meine platte Neugiernase rein. Es riecht mir so furchtbar gut darin. Manchmal sind sie so groß, da passe ich hinein und das eine oder andere Mal bin ich dann einfach verschwunden. Keine Sorge, ich komme dann auf der anderen Seite wieder heraus. Beim ersten Mal waren meine Menschen ganz schön erschrocken, aber sie haben sich schon lange daran gewöhnt. Frauchens Regel lautet „Wo du alleine reinkommst, kommst du auch alleine wieder raus!" Das sagt sie immer, wenn ich auf Entdeckertour bin, was ja häufiger vorkommt. Deswegen schaue ich vorher immer ganz genau, ob ich durch passe, bevor ich mich rein traue. Zur Not könnte ich ja auch rückwärtsgehen, aber soweit kommt es nicht, denn ich merke ja schon am Eingang ob es passt. Wenn ich ja auch häufiger an dezenter Selbstüberschätzung leide, die Rohrinspektorei habe ich voll im Griff. Wenn ihr also mal wieder in der Natur herumspaziert und ein Betonrohr im Graben seht, sagt mir Bescheid, ich untersuchte es dann gerne ganz genau für euch.

S

Schleppleine

Euch ist sicher bekannt, wie viele unterschiedliche Arten von Leinen es gibt. Also ich kenne z. B. die normale kurze Leine. Diese haben wir zu Hause in vielen verschiedenen Modellen. Frauchen hat da ja so ein kleines Kaufsuchtproblem für Hunde Zubehör. Aber sie hat es gut im Griff und tauscht sich in ihrer Selbsthilfegruppe mit anderen aus. Ebenso wie der Gruppe für Backmatten—Süchtige und noch so ein paar andere. Alle Leinen und Halsbänder hängen an einem extra Brett um Flur, dort hängen nur meine Sachen. Es gibt Leinen die werden an ein Halsband dran gemacht. Dann gibt es Leinen, die kommen einfach um meinen Hals und es kann los gehen. Die nehmen wir fast immer. Mir ist das eigentlich sowas von egal, Hauptsache es ist mir bequem und wir können starten. Deswegen mag ich eigentlich alle Halsbänder, Geschirre und Leinen, denn sie bedeuten, dass es raus geht. Egal wohin, ich bin dabei. Es gibt wohl auch noch solche Leinen, die können ganz lang oder ganz kurz sein. Ich kenne sie nicht, Frauchen sagt, diese Leinen überfordern sie, so etwas kommt uns nicht ins Haus.

Dann gibt es bei uns aber noch die ganze lange Schleppleine. Wir haben zwei davon. Eine längere, die haben wir von Anfang an und eine mit fünf Metern, die nimmt Frauchen immer, wenn wir in den Wald gehen.

Als ich ein kleiner pubertierender Bullyjunghund war, habe ich ja null gehört. Ich war der Chef im Haus und draußen waren mir meine Menschen egal, denn alles andere war interessanter. Also durfte ich nie freilaufen, denn ich habe gemacht was ich wollte. Dann begann die Zeit des Neustarts und wir haben angefangen alles neu aufzubauen. Ein sicherer Rückruf gehörte natürlich auch dazu, immerhin hatte Frauchen schon von klein auf davon geträumt, einen Hund zu haben, der frei laufen kann um die Welt zu entdecken. Während des gesamten Trainings verblieb ich an der langen Schleppleine. So hatte ich mehr Freiheit und meine Menschen mehr Kontrolle. Das ist jetzt viele Bullymonde her und bin ja schon lange ein guter Bubi. Dementsprechend laufe ich an der Straße und im Dorf an der kurzen Leine und auf den vielen Feldern, Wiesen und Wegen frei. Doch die Schleppleine begleitet uns nach wie vor sehr oft, da wir sehr viel im Wald unterwegs sind. Im Wald muss ich die Tiere in Ruhe lassen und dürfte so nur auf den Wegen bleiben. Wenn ich aber an der Schleppleine bin, darf ich den tollen Spuren folgen, die es immer so entdecken gibt. Sie führen meine Nase weg von den Wegen ins Abenteuerland. Ich lieeeebe es und an der Schleppleine darf ich die Böschung hoch und runter und die geheimen Wege der Tiere entdecken. Danach bin ich immer ganz furchtbar glücklich, ausgelastet und müde. Außerdem müssen meine Menschen nicht ständig auf mich achten und können auch die Seele baumeln lassen. Eine Schleppleine heißt im Übrigen so, weil ich immer den halben Wald mitschleppe, Äste und so. Ich glaube auch, dass sie unkaputtbar ist. Manchmal verheddert sie sich an Steinen oder Wurzeln und da passiert nichts, wenn man dran zieht. Wenn sie voll gebatscht ist, ich weiß auch überhaupt gar nicht woher das kommt, dann kann Frauchen sie einfach abwischen. Eine Schleppleine bedeutet für mich immer Spaß und Abenteuer, denn ich laufe oft an ihr, wenn wir neue Wege oder Gegenden erkunden. Das finde ich ganz bullytastisch, denn ich bin ja ein Wald- und Weltentdecker.

Schnee

Ich verabscheue Regen ja bekanntlich zutiefst. Stellt euch mal vor ich würde mich auflösen, wenn ich zu lange im Regen bin. Dafür mag ich Schnee umso lieber. Von Schnee wird man nicht direkt nass im Gesicht, der kitzelt erst ein bisschen auf der Nase. Wenn genug von dem weißen Zeug gefallen ist und es kalt genug ist, kann man eine bullytastische Schneeparty veranstalten. Mein Hirn setzt dann wieder ein wenig aus und ich drehe durch. Im Schnee kann man herrlich flitzen und wenn mir danach zu warm ist, rolle ich mich in ihm oder schmeiße mich mit Anlauf auf den Boden und rutsche hinunter. Frauchen freut sich immer wie ein kleines Kind, wenn der erste schöne Schnee fällt. Wenn sie morgens aufwacht und keine Autos hört, läuft sie ganz freudig ans Fenster. Wenn alles weiß ist und wir ein Winterwonderland haben, ist sie sofort wach und gar kein Morgenmuffel mehr.

Als ich klein war und der erste Schnee in meinem Leben fiel, hat sie mich wohl mit ihrer Freude angesteckt. Es gab schon so viel Schnee bei uns, dass ich aus Versehen auf die Terrasse gepieselt habe, da ich nicht wusste, wo eigentlich der Rasen anfängt. Meine Menschen mussten mir im Garten eine Spur frei machen, damit ich meinen Haufen machen konnte ohne zu versinken. Ich bin dann wie ein Schneehase durch die weißen Wiesen gehoppelt. In diesem Winter gab es leider noch keinen Schnee. Dabei habe ich doch eine tolle neue Batman- Softshelljacke bekommen. Die ist innen schön warm und von außen wasserdicht, also ideal für eine Sause im Schnee, er müsste nur noch kommen. Wenn das weiße Zeugs überall liegt, verstehen meine Zweibeiner meine Welt auch endlich besser. Sie sehen nämlich dann die verschiedenen Spuren die meine Nase verfolgt. Sonst bleiben die ihren Augen verborgen und sie verstehen oft nicht, warum mich verschiedene Stellen magisch anziehen. Gelber Schnee ist für mich nämlich gar nicht "Bäh". Nur mampfen darf ich den Schnee nicht, obwohl ich das sehr gerne mache. Aber dann bekomme ich Ärger, Frauchen sagt, davon bekomme ich Bauchschmerzen. Na dann bemühe ich mich eben es nicht zu tun.

T

Team

Frauchen hat in ihrem Buch viel von früher geschrieben. Warum wir zu dem geworden sind, was wir heute sind. In ihrem Kopf ist das nach wie vor präsent. Mal mehr und mal weniger. Sicherlich ist es auch wichtig, denn es ist ein Teil von uns und notwendig um zu verstehen, warum manche Dinge so sind wie sie sind. Doch bei mir ist das anders. Ich habe natürlich vieles in mir, deswegen verhalte ich mich im Alltag so wie ich es eben tue. Das soll nichts Negatives sein, im Gegenteil, ich habe so viele tolle Dinge gelernt. Für mich zählt aber überwiegend das Hier und Jetzt. Ich lebe eher wie die Buddhisten, im jeweiligen Augenblick. Ich tue das, was ich gerade tue und denke dabei an nichts anderes. Eigentlich sollte meinen Menschen das schon früh klar geworden sein, denn auf einem der allerersten Welpen Bilder, die sie von mir bekommen haben, sah ich aus wie ein kleiner moppeliger Babybuddha.

Für Menschen scheint das Leben in der Gegenwart sehr schwer zu sein, aber dafür haben sie ja mich. Ich zeige ihnen einen Teil von meiner Welt und lehre sie, den Moment zu genießen und wahrzunehmen. Deswegen sagt Frauchen immer, sie haben von mir schon mehr gelernt, als ich von ihnen. Doch ist das in einem Team nicht so? Man lernt voneinander, teilt miteinander und verlässt sich aufeinander. Ich teile mittlerweile alles mit meinen Menschen, Knochen, Spielzeug einfach alles. Warum teilen sie aber ihr Futter nicht immer mit mir? Da muss ich mich doch mal beschweren. Ne, im Ernst, ich finde wir sind ein richtig tolles Team geworden. Natürlich haben Frauchen und ich etwas ganz Besonderes miteinander, das kann man fast gar nicht beschreiben. Aber auch Papa und ich sind dicke Kumpels. Wir alle sind ein bullytastisches Team. Unsere Geschichte hat uns enger zusammengebracht, als jeder es im Vorhinein vermutet hätte. Doch das ist unser gemeinsamer Weg, der sollte so sein und er ist auch noch lange nicht zu Ende. Auch wenn wir uns manchmal uneinig sind und verschiedene Standpunkte vertreten wollen, doch auch das gehört wohl dazu. Wir verstehen uns jetzt überwiegend von ganz tief innen heraus, denn auch nur das ist echt. Vor mir kann man eh nichts verstecken. Wir haben Vertrauen zueinander und helfen uns gegenseitig. Wir wollen nicht immer dieselben Dinge, aber unser gemeinsames Ziel ist ein entspanntes, sicheres und zufriedenes Leben miteinander. Das haben wir und zusammen entdecken wir unsere Welt und genießen die gemeinsame Zeit. Ich habe mal gehört, dass jeder den Hund bekommt, den er braucht und nicht den, den er möchte. Das scheint mir zutreffend zu sein und auch aus meiner Sicht ist das gut so. So stehen wir auch weiterhin alle Höhen und Tiefen zusammen durch, bis zu meinem letzten

Atemzug, dass haben mir meine Zweibeiner fest versprochen.

Teppich

Schon von klein auf liebe ich Teppiche jeglicher Art. Am liebsten sind mir welche die rau sind, aber jeder andere ist auch okay. Früher haben meine Menschen ganz intensiv dieses Spiel mit dem Tisch und den Kugeln und den Stöcken, an denen ich nicht knabbern durfte, gespielt. Ich bin also halb in einem Lokal aufgewachsen und durfte immer mitkommen. Das war schon gut so, denn als kleiner Bullywelpe war ich ja lieber dabei als alleine zu Hause. Ich habe meist unter dem Tisch geschlafen oder wurde vom Personal bespaßt. Jedes Mal, wenn ich das Lokal betreten und verlassen habe, schmiss ich mich auf den Teppich und robbte mich ausgiebig, wie ein Soldat, auf dem Boden herum. Natürlich haben sich alle darüber amüsiert und der Clown in mir wurde bereits früh geweckt. Heute bin ich nur noch selten in diesem Laden, aber wenn, ist meine erste Amtshandlung eine ordentliche Abeumelung auf dem Teppich.

Aber auch in jedem anderen Haus, welches ich betrete, sind Teppiche eines meiner ersten Anlaufziele. Ich liebe sie einfach, an ihnen kann man sich schubbern oder entspannt drauf liegen. Teppiche liegen vor Öfen, dort kann ich mich bequem rösten. Zu Hause gibt es nicht viele Teppiche, das ist auch gut so, wegen der bösen Milben die mir Allergie machen. Aber ich habe meinen eigenen Teppich, auf dem darf ich sogar meinen getrockneten Knochen knabbern. Immer wenn ich etwas bekomme, was besonders toll für mich oder neu ist, schleppe ich es auf meinen Teppich um es ausgiebig zu inspizieren. Mittlerweile habe ich gar kein Körbchen mehr im Wohnzimmer, da ich sowieso entweder auf dem Teppich oder auf der Couch liege. Von meinem täglichen Ritual auf dem Sisalteppich im Flur habe ja bereits berichtet. Ebenso toll ist der Teppich im Bad. Also Menschen nennen ihn Badvorleger, aber für mich ist es eben auch ein Teppich. Wenn meine Menschen im Bad zugange sind um sich z. B. das Menschenfell zu bearbeiten oder was auch immer sie da tun, liege ich auf dem flauschigen Badteppich. Manchmal scharre ich auf ihm, wie im Körbchen. Frauchen sagt dann, ich mache mir mein Bett. Dann drehe ich mich noch einmal und lasse mich fallen. Unmittelbar danach folgt ein dickes Grunzen und dann schlafe ich selig ein. Im Bad ist es aber auch meist wohlig warm. Meine Menschen müssen dann immer über mich drübersteigen und sagen ich würde mitten im Weg liegen. Ich bin der Meinung einfach nur den Raum zu verschönern. Wo kann eine Bulldogge das besser als mitten im Raum auf einem flauschigen Teppich?

U

Urlaub

Meine Menschen machen meist einmal im Jahr zusammen Urlaub ohne mich. Sie reisen dann um die ganze Welt, für mich ist das Fliegen ja nichts. Ich bin dann ja Ferienbully bei Oma und Opa. Manchmal reisen sie auch getrennt mit ihren Freunden, aber einer ist dann noch bei mir zu Hause, deswegen ist mir das nicht schlimm. Aber einmal hat Frauchen die Bettwäsche gewaschen als Papa im Urlaub war. Sie hat sich nichts dabei gedacht, mir ging es ab dann aber gar nicht mehr gut. Ich war traurig und wollte nicht mehr laufen gehen, mochte nicht weg von zu Hause. Ich habe Papa nicht mehr riechen können und nicht verstanden, dass er bald wiederkommt. Frauchen hat es dann irgendwann geschnallt und mir ein getragenes T-Shirt von Papa auf seine Bettseite gelegt, da ging es mir besser. Wenn ich ein Ferienbully bei Oma und Opa bin, bekomme ich auch immer etwas Getragenes von meinen Liebsten mit, dann kann ich gut schlafen und vermisse sie nicht so dolle. Ja auch eine gestandene Bulldogge hat ihr schwachen emotionalen Seiten.

Jedenfalls fahren wir auch einmal im Jahr zusammen in den Urlaub. Ich kann das schon vorher merken, wenn die Koffer gepackt werden. Wenn alle meine wichtigen Sachen auch eingepackt werden, darf ich mit. Wir fahren dann ganz lange im vollgepackten Auto. Mir macht das ja nichts aus, ich döse dann immer stundenlang vor mich hin. Wir machen dann Pinkelpausen für alle und reisen ganz entspannt weiter. Nachdem wir einmal an der Ostsee waren, fahren wir jetzt immer in die Niederlande. Wir alle haben uns dorthin verliebt. Alle Menschen sind sehr entspannt und hundefreundlich. Es gibt nicht so viele olle Regeln wie an deutschen Stränden und trotzdem kommen alle prima miteinander klar. Außerhalb der Saison dürfen Wuffis an den Stränden immer freilaufen und was soll ich sagen, der Strand ist das allertollste für mich. Meine Menschen lieben das Meer auch sehr, aber ich raste dann völlig aus. An den ersten zwei Tagen gibt es kein Halten mehr für mich, sobald ich die ersten Möwen höre, ansatzweise Sand unter den Pfoten spüre und mir eine Meerbriese um die platte Nase weht, setzt es komplett aus bei mir. Ich ziehe wie ein wahnsinniger an der Leine und würde am liebsten den Weg zum Strand schon los flitzen. Ich kann es nicht erwarten bis es los geht. Es ist kilometerweit Platz, es riecht ganz anders als zu Hause und im Sand spüre ich mich ganz anders. Früher hatte ich Angst vor den Wellen, aber im letzten Jahr bin ich sogar ins Wasser und habe Bauchplatscher in die großen Pfützen gemacht. Ich habe gelernt, Rücksicht auf andere Hunde zu nehmen. Von angeleinten Hunden hält man Abstand und längst nicht jeder Wuffi mag mit mir spielen auch wenn er freiläuft. Die Ball- und Wasserjunkys interessieren sich eh nicht für mich.

Aber irgendjemanden zum Toben finde ich immer. Unsere Urlaube bestehen also meistens aus laufen, mampfen, kuscheln und schlafen. Meine Menschen gehen auch immer in diesen heißen Raum und sitzen ohne Menschenfell auf Holzbänken die ich nicht anknabbern darf. Mir ist das sowieso viel zu heiß da drin. Meistens habe ich am Ende des Urlaubs wunde Pfoten vom vielen Flitzen am Strand und ich muss zur Physio, weil ich mir alles vermurkst habe, aber das war es dann sowas von wert. Meine Muskulatur ist Sand eben nicht gewöhnt und ich gebe auch echt alles.

Wir haben auch schon Bekannte von zu Hause dort getroffen, die finden es genauso toll dort wie wir. Manchmal fahren wir ans andere Ende der Küste zu Bekannten von meinen Menschen. Die haben auch Wuffis und wir gehen dann alle zusammen ein tolle Strand - und Dünenrunde. Sie zeigen uns dann ihren Strand, das ist so als wenn ich ihnen meinen Wald zeigen würde, so etwas kennen sie nämlich nicht.

Im letzten Jahr hat Frauchen sich in den Kopf gesetzt, mit dem Fahrrad durch die Tulpenfelder zu fahren, wie alle Menschen es dort machen. Aus irgendeinem Grund hat sie mich in einen Anhänger gesetzt und wollte mich mitnehmen. Zum Glück hatte sie mit sich und dem eigensinnigen Fahrrad genug zu tun, ich hatte nämlich mal gar keine Lust darauf. Ich befürchte allerdings, dass der Kelch in diesem Jahr wieder nicht an mir vorbeizieht und sie es nochmal probieren mag. Das Anhängerding steht nämlich noch in der Garage, hoffentlich vergessen sie es beim Packen. Ich freue mich auf jeden Fall jetzt schon wieder wahnsinnig auf unseren gemeinsamen Urlaub, Fritten mit Pommes gibt es da nämlich auch bestimmt wieder.

Übersprungshandlungen

Es ist kein Geheimnis, dass Wuffis ganz genau einschätzen können, wann sie richtig beißen, wann sie schnappen oder wie sie die Energie ihrer Zähne einsetzen. Früher habe ich gebissen, wenn ich etwas verteidigen wollte, meist in die Füße, aber auch in Hände und Arme, wenn die mir in die Quere kamen. Das ist lange her und steht überhaupt gar nicht mehr zur Diskussion. Ich bin aber eben in der Lage dazu, genauso wie eine Erdbeere ins Maul zu nehmen und zu transportieren, ohne dass sie auch nur an einer Stelle eingedrückt ist. Ich weiß auch genau, wie ich meine Zähne einsetzen darf, wenn ich mit Frauchen Blödsinn mache oder sie mit ihren Fingern in meinem Maul ist. Ich kann das alles sehr wohl kontrollieren und einschätzen. Wenn Wuffis beißen, haben sie die Menschen also vorher gewarnt, diese haben es aber nicht verstanden oder ignoriert. Es ist allerdings schon vorgekommen, dass ich aus Versehen zugeschnappt habe. Es war dann kein richtiges beißen, ich keife dann Richtung Füße, so wie früher. Aber in diesen Momenten meine ich das ganz wirklich nicht böse. Frauchen sagt es heißt Übersprungshandlung und sie erkennt das genau. Bisher kam das nur drei oder vier Mal vor, aber jedes Mal ging es mir zu diesem Zeitpunkt nicht gut. Meine Menschen bleiben dann ganz ruhig und sagen mir, was ich machen soll. Sie zeigen mir einen Rückzugsort an den ich dann auch sofort gehe. Ich möchte ihnen ja nicht weh tun und erschrecke mich dann selbst in dem Moment. Weil ich immer sofort aufhöre und ganz deutliche Beschwichtigungssignale zeige, sind meine Menschen auch nicht böse mit mir. Bisher hatte ich dann immer ganz schlimmes Rückenau. Solche Situationen müssen aber nicht immer was mit den Zähnen zu tun haben. Einmal bin ich tatsächlich auch vor ein Auto gesprungen. Ich war klaro an der Leine und es ist nichts passiert. Aber erschrocken haben sich meine Menschen schon. Das Auto hat sich ganz langsam genähert und das kam mir komisch vor, normalerweise machen Autos das nicht. Deswegen bin ich einfach mal auf Angriff gegangen, wie Bullys das eben machen. Andere Hunde würden vielleicht stehen bleiben oder rückwärts gehen, Bulldoggen regeln das anders. So ist das eben, aber meine Menschen haben gelernt, dass es mir auch mal nicht gut gehen kann und das meine Art ist, damit umzugehen. Sie geben mir dann umso mehr Orientierung, die ich gerne umgehend annehme und kümmern sich darum, dass mir geholfen wird und ich wieder quietsch fidel bin. Da Frauchen es mittlerweile gar nicht mehr so weit kommen lässt, dass ich arge Schmerzen habe und mich regelmäßig zu meiner liebsten Physiofrau bringt oder mich selbst durchknetet, ist das zum Glück schon länger nicht mehr vorgekommen. Wir lernen eben immer alle weiterhin dazu.

V

Vertrauen

Wie in jeder guten Beziehung, egal ob zwischen Menschen, Tieren oder Menschen und Tieren, spielt Vertrauen eine wichtige Rolle. Ohne Vertrauen gibt es keine Bindung, doch vielleicht bedingt das Eine auch das Andere. Vertrauen entsteht, wenn man gemeinsam Situationen erlebt, in denen man sich auf den anderen verlassen kann. Wenn er einem beweist, dass er dich zuverlässig den Weg entlang geleitet. Eigentlich egal in welchem Sinn, im Falle Mensch-Hund-Beziehung aber meist wortwörtlich gemeint. Doch Vertrauen entsteht auch durch Beständigkeit. Gelten die Regeln der Menschen immer oder gibt es jedes Mal andere, sodass sie für mich unberechenbar sind? Natürlich bestätigen Ausnahmen die Regel. Vor allem wenn die Basis stimmt und die Beziehung auf einem soliden Fundament steht, können die Regeln zeitweise ausgedehnt werden. Ich durfte beispielsweise früher niemals etwas vom Tisch bekommen. Heute bekomme ich ganz, ganz selten etwas. Deswegen sitze ich oft beim Tisch, wenn meine Menschen futtern. Aber wenn Frauchen das aus irgendeinem Grund nicht möchte, akzeptiere ich es auch. Wenn wir draußen sind, vertraue ich Frauchen viel mehr als früher, denn sie hat mich jetzt schon oft durch Situationen geführt, in denen ich mich unsicher gefühlt habe. Ich orientiere mich dann mehr an ihr und wenn es mir mal ganz schwerfällt, merkt sie es und gibt mir Orientierungshilfe mit Käse. Doch die Geschichte ist ein Kreislauf. Je öfter ich mich toll verhalte z. B. bei engeren Hundebegegnungen an der Leine, desto selbstsicherer wird Frauchen und umso mehr kann ich mich dann auf sie verlassen. Das ist schon ein gewisses Wechselspiel, natürlich in beide Richtungen.

Meine Menschen haben auch viel mehr Vertrauen zu mir. Woran ich das merke? An meinen Freiheiten natürlich. Ich darf ganz oft einfach Hund sein, meiner Nase folgen und alles entdecken. Denn auch wenn ich mich mal weiter entferne, weil etwas ganz besonders interessant ist, bleiben meine Menschen entspannt und lassen mir den Spaß. Denn bisher bin ich niemals weggelaufen oder nicht zurückgekommen. Zugegeben, manchmal ist ein Feld aber auch wirklich ein Schnüffelparadies, was es da alles zu entdecken gibt. Doch wenn weit und breit keiner zu sehen ist, darf ich mich austoben. Nach wenigen Minuten, spätestens wenn ich meine Menschen nicht mehr sehe, komme ich angeflogen wie der Wind und strahle, weil ich so viel erlebt habe. Ohne Vertrauen wäre das nicht möglich.

Ich bin mittlerweile in fast allen Bereichen der Meinung, dass meine Menschen wissen, was sie tun und vertraue ihnen oder ihrem Wort. Okay, manchmal diskutiere ich minimal, aber das zählt zu meinem Bully Charakter. Lediglich bei fremden Besuchern im Revier vertraue ich nur mir selbst. Aber bestimmt bekommen wir das auch noch hin, so wie alles andere bisher. Früher habe ich z. B. gebissen, wenn mir jemand den Knochen abnehmen wollte und deswegen lag ich ständig auf der Lauer. Heute knabbere ich genüsslich im Liegen, mit dem Rücken zu meinen Menschen. Und wenn ich wieder kein Ende finde und Frauchen sagt, dass ich genug geknabbert habe, dann ist das ebenso und ich höre auf. Weil wir uns dabei gegenseitig vertrauen, gibt es null Ärger mehr und alle sind happy.

Manchmal denke ich, gerade weil wir schon so viel miteinander erlebt haben, ist unser gegenseitiges Vertrauen umso größer geworden. Vielleicht wäre es anders nie so gekommen, immerhin hat jeder die dunkelsten Schattenseiten des anderes gesehen und alle Karten liegen offen. Wäre das nicht so, könnte man von blindem Vertrauen sprechen. Wie auch immer, alles hat seinen Sinn und wir wissen auf jeden Fall wofür unser bisheriger Weg gut war.

W

Wald

Bevor meine Menschen mich hatten, haben sie vergessen, wie schön es in unserer heimischen Natur ist. Sie haben die Dinge anders oder gar nicht wahrgenommen. Doch ich habe ihnen gezeigt, wie bullytastisch das Leben sein kann. Frauchen hatte sich schon länger in den Kopf gesetzt, bestimmte Strecken zu laufen. Sie wollte einfach laufen, doch irgendwie kam sie aus ihrem Trott nicht heraus, wie das manchmal so ist. Immer kam etwas dazwischen oder sie hatte sonstige Ausreden für sich selbst. Früher ist sie mit mir auch lieber irgendwo unterwegs gewesen, wo sie weit schauen konnte und einen Überblick über die Wege hatte. Damit sie sehen konnte, ob und wann uns jemand begegnet. So hatte sie genug Zeit, sich den Kopf voller Gedanken zu laden. Hätte, wäre, wenn und vielleicht und eventuell. Natürlich hat sie das ganze Emotionskarusell auf mich übertragen und ich war ebenso angespannt. Doch über die Phase sind wir hinweg, meistens jedenfalls. Frauchens hat gelernt, einfach zu laufen und den Kopf frei zu lassen, wenn wir unterwegs sind. Das hat lange gedauert aber jetzt sagt sie, der Wald reinigt ihre Seele. Es ist ihr egal, ob sie den Weg überblicken kann oder nicht, denn sie weiß ja, was sie zu tun hat in den verschiedenen Situationen. Sie vertraut mir, aber vor allem sich selbst. Im letzten Sommer hat Papa uns dann ein paar Kilometer weiter am Wald rausgelassen und wir sind nach Hause gelaufen. Am Anfang war das für Frauchen gar nicht so leicht. Z. B. hat beim Laufen etwas in ihrer Tasche geklappert, es hat sie verrückt gemacht. Sie wühlte die ganze Zeit in ihrer Tasche rum bis sie selbst irgendwann fest stellte, wie blöd das eigentlich war. Ich habe gehört, dass es bei Menschen öfter so ist, dass einfach irgendwelche Gedanken im Kopf rum schwirren. Sie müssen sich zwingen, dass sie weg gehen. Frauchen hatte das beim Laufen auch, doch je weiter wir gelaufen sind, umso weiter weg zogen die Gedanken. Wenn das Wetter also passte und Frauchen morgens frei machen konnte, sind wir einmal in der Woche in Wald gegangen. Wir mussten morgens gehen, weil es Sommer war und es später auch im Wald zu warm für mich war. Dann kam das Ende des Sommers und Frauchen beschloss mit diesem stinkenden Qualmdingern aufzuhören. Immer wenn sie wegen dem Entzug genervt war, ist sie eine extra Runde mit mir gelaufen. Ich fand das natürlich supie und habe das gerne ausgebadet. Je länger sie von den Stinkedingern weg war umso mehr hatte sie das dringende Bedürfnis nach Sauerstoff. Bestimmt konnte ihre Lunge die gute Luft dann erst mal richtig aufnehmen. Also sind wir immer weitergelaufen. Dann kam der Herbst, Frauchens liebste Jahreszeit. Für mich die perfekten Temperaturen und so wurde ich immer ausdauernder. Wir haben so wahnsinnig viel Wald um uns herum, wir erkunden immer mehr Wege. Runden die früher groß für uns waren, sind jetzt zum Warmlaufen. Frauchen hat immer ihr Handy dabei, das sie weiß wo wir sind, aber wir haben uns noch nicht verlaufen.

Frauchen wollte immer gerne Meditieren, ich habe dann mit bei ihr auf der Matte gelegen. Aber es wollte nicht funktionieren und wenn man es erzwingen mag, funktioklappt es sowieso nicht. Doch jetzt habe ich gehört, wie sie zu Papa gesagt hat, dass sie ihren Weg zu Meditieren gefunden hat. Wenn sie mit mir im Wald ist und einfach läuft, denkt sie an nichts mehr. Der Kopf ist frei und sie wird geerdet. Das ist doch der Sinn, also ist der Wald ihr Weg. Manchmal laufen wir so lange, dass sie ganz vergessen hat, wo wir losgelaufen sind und sie muss überlegen, wo das Auto steht.

Als Weihnachten war und meine Menschen frei hatten, sind wir in der freien Zeit an die 60 Kilometer gelaufen. Soll mal einer sagen, Bullys seien unsportlich. Ich bin richtig fit geworden und habe noch mehr Muckis bekommen. Von mir aus könnte immer Wochenende oder Urlaub sein und wir könnten nur mampfen, schlafen und laufen. In der Woche, wenn wir arbeiten müssen, können wir leider nicht so lange in den Wald, da flitze ich meistens auf den Feldern. Aber am Wochenende zieht es Frauchen wieder in den Wald und ich bin natürlich mit am Start, denn wir sind die Waldentdecker. Manchmal wenn wir uns mit meiner liebsten Ella treffen, zeigt uns ihr Frauchen ihre tollsten Runden und wir lernen noch viel mehr Wege kennen. So entdeckern wir immer weiter und der Kopf der Menschen ist so frei wie unserer.

Frauchen hat gelesen, dass der Wald das Krankenhaus der Seele sei.

Warten

Eines der am häufigsten gebrauchten Kommando meiner Menschen neben „Hier" und „Nein" ist zu meinem Unverständnis „Warten".

Es fängt morgens schon an, anstatt mir einfach den 12,5 Kilo Sack Futter zur freien Verfügung zu stellen, muss ich auf meinem Platz warten. Zwar sagen sie es nicht, aber ich sitze hungrig da und kann nichts tun, außer zuzuschauen und zu warten.

Wenn ich weiß, dass wir einen Ausflug machen und ganz aufgeregt durch die Gegend hüpfe, muss ich warten. Sobald Frauchen in der Firma den Lieferschein in die Folie steckt und sich anzieht, weiß ich, es geht los und ich darf mitfahren. Von mir aus kann es los gehen, aber nein, Frauchen muss noch auf die komische Menschen Toilette und ich muss wieder warten.

Wenn wir unterwegs sind, muss man an der Straße warten. Verstehe ich nicht, warum warten denn die Autos nicht, immerhin stehe ich an der Straße, die könnten mich doch zuerst rüber lassen. Auf dem Feld angekommen, darf ich erst los flitzen, wenn meine Menschen sagen "Lauf", bis dahin muss ich warten. Ebenso beim Aussteigen aus dem Auto. Da bin ich schon der liebste Beifahrerbully auf der ganzen Welt. Ist doch aber klaro, dass ich wissen mag, wo wir sind, wenn wir aussteigen. Also will ich meine Nase durch die offene Tür stecken, aber nein, warten. Nur wer ruhig und entspannt ist, darf aussteigen. Ja okay, im Straßenverkehr wohl ganz angebracht. Es ist anscheinend nicht immer von Vorteil sich Bully typisch überall drauf oder rein zu stürzen.

Sollte ich aus bereits genannten Gründen duschen müssen, muss ich danach warten, bis Frauchen mich etwas abgetrocknet hat, bevor ich aus der Dusche darf. Aber ich schüttle mich doch sowieso nochmal, wenn ich draußen bin. Sie hat auch immer noch nicht verstanden, dass ich grundsätzlich abwarte, bis das Bad frisch geputzt ist, damit sich die Sache auch so richtig lohnt. Wenn ich dann auf meinem Handtuch auf dem Badteppich sitze, halte ich ihr schon meine Pfote hin, denn danach kommt ja meine Bullywellness. Aber bis Frauchen soweit ist, heißt es, warten.

Noch schlimmer aber ist es beim Üben. Frauchen wirft meinen Käsedummy, ich stürze in Windeseile los, hole ihn, schütteln ihn auf dem Rückweg tot und übergebe ihn. Da fummelt sie eine gefühlte Ewigkeit daran rum. Bis ich mal den

Käse bekomme, werde ich ungeduldig und sie sagt „Warten", da bekomme ich die Krise. Ebenso beim Tricksen, ich kann doch einfach mal runter rattern, was ich alles kann. Aber nein, ich soll warten bis Frauchen mir sagt was ich machen soll.

Wenn ich andere Wuffis treffe und wir abgeleint werden, muss man immer warten, bis alle soweit sind, bevor die Party starten kann. Auch muss ich bei den verschiedenen Hindernissen oder Klatterparcours immer „Warten" dicht gefolgt von „Langsam".

Am allerschwierigsten ist aber das Warten, wenn Mampf im Spiel ist. Ich sag nur Mandarinchen und Banane. Warum genau sind immer irgendwelche Schalen um manche Obstsorten?

Verstehe ich alles nicht, ich finde warten könnte abgeschafft werden, dafür fehlt mir die Geduld.

Wälzen

Das ich unheimlich gerne Pralinen nasche, habe ich euch ja schon verraten. Doch es gibt auch Schätze, die sind so grandios toll, in denen muss ich mich wälzen. Bei den braunen Schätzen, ist es stets der gleiche Geruch. Für mich ein wahnsinnig toller Duft, für meine Menschen ekelhafter Gestank. Sie wissen nicht, von welchem Tier er ist, tippen aber auf Fuchs. Ganz selten wälze ich mich aber auch in undefinierbaren Sachen. Damit ihr mich weiterhin gerne mögt, gehe ich jetzt nicht weiter darauf ein und behalte weitere Details für mich.

Bei den Menschen gehen die Meinungen auseinander, warum manche Wuffis das so gerne machen wie ich. Spekulationen besagen, dass wir uns instinktiv mit dem Duft tarnen. Ich sage mal ganz instinktiv, ich finde es einfach grandios und mache mich damit einfach nur richtig chic.

Aber in den meisten Fällen wälze ich mich aus reinem Wohlgefühl. Im Sommer, wenn es richtig heiß ist und der Rasen austrocknet, wälze ich mich mehrmals täglich an einer Stelle im Garten, die nur aus staubiger Erde besteht. Wenn Frauchen gerade gemäht hat, wälze ich mich im frischen Gras. Wenn ich zu viel geflitzt bin und mir gar furchtbar warm ist, wälze ich mich. Dabei ist mir egal, ob es warm oder kalt ist, Schnee, Wiese oder Batschpfütze, Hauptsache wälzen. Ich wälze mich auch manchmal aus unerklärlichen Gründen. Dann schmeiße ich mich einfach auf den Boden, rolle und schubbere mich und bin glücklich.

Alle Menschen, die dies miterleben, erfreuen sich mit mir. Bully- Wälzefreude ist nämlich ansteckend. Nicht dass sich die Menschen dann neben mich werfen, aber sie amüsieren sich und somit habe ich wieder ein Lächeln mehr in die Welt gezaubert. Manchmal gehen meine Menschen übers Feld und wundern sich, wo ich bleibe. Dann sehen sie nur noch vier Pfoten in der

Luft und wissen, gleich kommt ein lebensfroher Bully angeflitzt. Die Frage ist nur, ob ich danach duschen muss oder nicht.

X

X-beliebige Geräusche

Die meisten Menschen, und ich zähle meine natürlich dazu, sind stets bemüht, ihren Wuffis etwas beizubringen. Sei es ein Grundkommando, unzählige Tricks und natürlich Dinge, die nicht als Kommando ausgesprochen werden, aber trotzdem vorausgesetzt werden. Dies erfordert meist hellseherische Kräfte seitens der Hunde. Frauchen hat sich auch schon oft gefragt, wie sie mir so viel beibringen konnte, obwohl sie sich manchmal so ein, für mich unverständliches Wirrwarr abhält. Tja, was soll ich sagen, ich habe es halt einfach drauf. Doch einige Dinge habe ich mir aufgrund von positiver oder auch negativer Verknüpfung selbst beigebracht. Es sind keine Tricks oder ähnliches, im Grunde ist es doch Hellsehen. Denn ich kann aufgrund bestimmter Geräusche erkennen, was darauffolgend passieren wird. Ich gebe zu, es hat meist mit mampfen zu tun, aber eben nicht immer. Aber nehmen wir z. B. eines der magischsten Geräusche im ganzen Haus. Ich erfülle hierbei jegliches Klischee zu 100 Prozent, ich kann es nicht abstreiten. Ob ich in meiner Höhle entspanne, mich draußen auf dem Balkon oder im Garten wie auch immer vergnüge oder komatös auf der Couch schlafe, ein Geräusch bringt mich sofort und umgehend an den Ort des Geschehens, das Öffnen der Kühlschranktür. Mhhhh nur zu gerne stecke ich meine Nase in den kalten Schrank der Verführung.

Fast gleichzusetzen ist dieses Geräusch im Übrigen mit dem Mülleimer. Nicht das unserer großartige Geräusche machen würde, aber nur zu gerne würde ich den mal ausleeren. Das würde ja auch Platz sparen und bestimmt noch mehr Vorteile haben. Aber das darf ich nicht und so begnüge ich mich damit, schmachtend und schnuppernd hinterher zu gieren, wenn etwas in den Mülleimer geworfen wird. Deswegen erkenne ich das Geräusch, wenn er geleert wird und eine neue Tüte reinkommt. Da ja etwas runterfallen könnte, bin ich sofort zur Stelle um behilflich zu sein.

Doch Platz zwei der magischen Geräusche, teilen sich nach der Kühlschranktür, eindeutig meine Keksdose und die fertig gebackenen Leckerli, wenn sie aus der Backmatte auf das Blech fallen. Ich liebe beides und bin sofort, umgehend und wie der Blitz anwesend und zur Verkostung bereit.

Wenn ich das Geräusch des Garagentores höre, ist es Zeit für ein ausgiebiges Popowackeln. Was das bedeutet? Nun ja, bei Hunden mit Schwanz, wackelt dieser bei Aufregung hin und her. Ich habe keinen. Aber mein Stummelchen, welcher im Übrigen auch fünf Wirbel hat, der kann wackeln. Doch wenn ich vor lauter Freude richtig aufgeregt bin, dann wackelt mein ganzer Popo oder wie Papa immer sagt:" Da wackelt ja der ganze Hund." Dies ist natürlich immer der Fall, wenn meine Zweibeiner nach Hause kommen und das wiederum ist der Fall, wenn ich die Garage höre. Wenn ich abends mit Frauchen auf der Couch liege und schon im Schlummerland bin, wackelt mein Popo auch unter der Decke, wenn Papa vom Training nach Hause kommt. Dann hängen zwar meine Ohren noch in Schlafstellung, aber der Popo hält nicht still.

Dann wäre da noch der Fön. Also eigentlich meine ich nicht das Geräusch des Föns, sondern wenn er ausgestellt wird und kein Geräusch mehr macht. Dann werden meine müden Glieder gestreckt und Papa und ich stehen auch auf. Es heißt nämlich, dass Frauchen im Bad fast fertig ist und mein Frühstück naht.

Es gibt auch blöde Geräusche wie z. B. ein Dieseltransporter. Wenn die um unser Haus fahren, bin ich im Aufpassmodus. Immerhin haben Lieferanten so ein Fahrzeug und die kommen ungebeten auf unser Grundstück. Naja von mir ungebeten, von meinen Menschen nicht, sie wollen die Post schließlich haben. Die Postmenschen sind allerdings schlau, die schleichen sich jetzt mit einem Elektroauto an, aber ich entdecke sie trotzdem. Allerdings nur wenn ich sie sehe. Wenn ich im Sommer friedlich auf unserem riesigen Balkon schlummere, bemerke ich die Post gar nicht mehr. Ist wohl auch besser so, weniger Stress für alle.

Von dem ätzenden Klingelgeräusch möchte ich nicht mehr reden, dazu ist bereits alles gesagt.

Ganz oft am Tag macht Frauchen so ein Geräusch mit ihren Lippen. Es bedeutet für mich, ich soll aufmerksam sein, was ich dann auch bin, denn es passiert immer etwas Tolles.

Das bullytastische Geräusch des Clickers habe ich schon erwähnt, mal überlegen, was gibt es noch. Ach ja, ich habe so einen Futterautomaten aus dem Leckerlis fallen, wenn ich auf eine Taste drücke. Die Taste ist weit weg vom Automaten und ich habe nur richtig gedrückt, wenn die Taste ein Geräusch macht. Dann weiß ich, dass ein Leckerli fallen wird und sich der Weg für mich lohnt. So etwas darf ich machen, wenn es z. B. einen ganzen Tag lang regnet. Ich mache das gerne, klar es hat ja mit mampfen zu tun. Aber auch das Ding habe ich schon durchschaut. Wenn ich ganz gut drauf bin, drücke ich nämlich einfach mehrmals auf die Taste. Dann fallen ganz viele Leckerli raus und ich bekomme für einmal laufen eine viel größere Portion. Gewusst wie.

Wenn andere Wuffis bellen, reagiere ich kaum. Ich höre zwar genau hin, aber das war es dann auch meistens. In der Nachbarschaft erkenne ich weit und breit alle Nachbarwuffis am Bellen. Ich belle nur mit, wenn jemand neu ist um zu sagen, dass ich auch da bin. Aber nach kurzer Zeit, hat das ja jeder verstanden. Nur mittwochs und samstags reagiere ich auf Gebell. Da kann ich noch so tief schlafen, wenn ich dieses bestimmte Gebell höre, stehe ich sogar auf und grummel vor mich hin. Meine Menschen sagen dann immer: „Das sind die armen Hunde!" Sie meinen damit sie Schäferhunde vom Hundeplatz bei uns im Dorf. Die fahren auf dem Weg zum Training bei uns am Haus vorbei und bellen sowohl auf dem Hinweg als auch auf dem Rückweg, ganz gestresst aus ihrem Anhänger. Deswegen bringen die mich immer in Alarmbereitschaft. Als ich ein kleiner Bullywelpe war, konnte ich nie an dem Platz vorbei gehen. Man sieht kaum, was dort geschieht, aber ich konnte es hören und den Stress schon spüren. Ich musste dann daran vorbei getragen werden. Uns bekannte Hundebesitzer aus dem Dorf haben mit ihren Wuffis Ähnliches erlebt. Es kann ja jeder seine Meinung haben, aber ich bin froh, dass meine Menschen versuchen positiv mit mir zu arbeiten. Natürlich klappt das nicht immer, aber die grundlegende Einstellung ist eine ganz andere als bei den Menschen der armen Hunde.

Dann haben wir da noch die magische Schublade. Sie ist zu vergleichen mit dem Kühlschrank. Sie ist im Couchtisch im Wohnzimmer und wenn ich sie höre, bin ich hellhörig und beobachte genau, was dort rausgeholt wird. Es ist die Schublade mit den Menschenleckerli und die meisten darf ich nicht haben. Wenn meine Zweibeiner mal wieder abnehmen wollen, wird sie auch kaum geöffnet. Aber ganz selten darf ich etwas daraus haben,

Nüsse oder eins, zwei Chips. Boah das ist mir dann so furchtbar lecker, dass ich mir das Geräusch der Schublade natürlich auch ganz genau gemerkt habe.

Alle Reaktionen, die ich auf bestimmte Geräusche zeige, hat mir niemand beigebracht. Ich habe einfach wiederkehrende Handlungen mit den Geräuschen verbunden. Ziehe ich aus der Folge eines Geräuschs einen Nutzen, reagiere ich umso mehr. Klassische Konditionierung oder wie sagt ihr Menschen dazu? So einfach geht übrigens Lernen, nur mal so als kleiner Wink mit dem Bullypfahl.

Xenon

Ja ich fahre gerne Auto und ja ich bekomme viel aus der Menschenwelt mit. Aber was auch immer Xenon sein soll, ich habe keine Ahnung. Ich habe dieses Wort jedoch ganz, ganz, ganz früh mal gehört. Nur ganz selten. Es war zu der Zeit, als ich noch nicht viel von meiner Umwelt mitbekommen habe, denn ich war gerade erst geboren worden. Ich war noch ein Mini Bullywelpe, nun ja, nicht ganz. Immerhin war ich schon bei der Geburt 100 Gramm schwerer als der Durchschnitt und aus dem Dreierwurf der einzige Rüde. Es war also schnell klar, dass ich kein kleiner Bully werde. Egal, jedenfalls war ich ein X-Wurf und mein ursprünglicher Name war Xenon. Ja, ihr lest richtig, so war das. Aber meine Menschen wussten schon früh, dass ich Bruno heißen soll und darum wurde ich auch so gerufen. Damit ich meinen Namen schon kenne, bevor meine Menschen mich damals zum ersten Mal gesehen haben. Damals als die Züchter meinen Namen riefen und ich mit meiner Mama um die Ecke getapst kam und Frauchen die Tränen in den Augen hatte. Es stand wohl zu dieser Zeit schon fest, dass wir gemeinsam eine besondere Geschichte schreiben würden, oder zwei oder drei oder....

Y

Dazu ist mir beim besten Willen nichts eingefallen. Ich habe meine Menschen um Rat gefragt, aber selbst denen ist noch nicht mal etwas scherzhaftes eingefallen. Also fällt Y aus. Wie das schon heißt Ypsilon, komisches Wort.

Z

Zecken

Ganz früher, in meinem ersten Lebensjahr, als Frauchen sich noch nicht gut mit Hundesachen auskannte, habe ich komische Tropfen in den Nacken bekommen. Sie sollten gegen Zecken helfen, was sie auch taten. Allerdings kam aus Versehen etwas davon aus das Sofa und der Fleck ging nie wieder weg. Das machte Frauchen stutzig und sie hat sich belesen. Sie hat erfahren, dass die Tropfen nur aus böser Chemie bestehen und das wollte sie mir nicht geben. Seitdem bekomme ich in der Zeckenzeit, also von Frühjahr bis Herbst, jeden Morgen einen Teelöffel Kokosöl ins Futter. Das mögen die Zecken nicht und falls sich doch Mal eine auf mich verirrt, beißt sie sich nicht fest. Im letzten Sommer waren wie sehr viel im Wald unterwegs und in zwei Wochen hatte ich so viele Zecken, wie sonst in der ganzen Saison nicht. Also hat Frauchen mir noch Schwarzkümmelöl untergejubelt. Seitdem war Ruhe, vielleicht noch ein oder zwei Zecken und die haben sich nicht festgebissen. Die bösen Dinger braucht ja kein Mensch und kein Hund und auch keine Katze. Aber auch hier lasse ich mich gerne von den Biestern befreien und halte ganz still, wenn Frauchen mit der Pinzette kommt.

Zombie

Ich will ja nicht eingebildet klingen, aber wie oft ich doch schon gehört habe, was für ein hübscher Bully ich bin. Schönheit soll ja im Auge des Betrachters liegen, aber was soll ich sagen, sie haben alle recht. Sie müssen recht haben, denn meine Menschen sagen es mir auch jeden Tag und die haben immer recht, meistens jedenfalls. Es liegt wohl auch daran, was man ausstrahlt. In den meisten Fällen, habe ich die liebsten Augen auf der Welt. Wenn ich allerdings gestresst bin, habe ich riesige Pupillen und sehe dadurch etwas biestig aus, was ich dann auch bin. Doch ich habe mir sagen lassen, ich kann auch aussehen wie ein Zombie. Also nichts mehr mit süßer, hübscher Bulldogge. Ein richtiger Zombie? Ich kann dazu nicht viel sagen, ich weiß davon nichts. Das liegt wohl daran, dass ich tief und fest schlafe, wenn ich so aussehe. Ich liege dann nämlich auf dem Rücken, meistens in Frauchens Arm und lasse alles hängen, wenn ich ab schnarche. Da mein Kopf dann leicht nach hinten fällt, gehen meine Augenlider nicht zu. Schlafe ich dann richtig ein,

179

drehe ich die Augen auf weiß. So wurde es mir jedenfalls berichtet. Ich sehe dann aus wie ein Zombie. Unterstützt wird diese Szene dann wohl noch durch schnarchende Geräusche und zuckende Pfoten, wenn ich träume. Ich könnte also glatt in einem Horrorfilm mitspielen, das wäre doch was. Dann bekomme ich einen Oskar fürs Schlafen in „The walking bully". Als Gage nehme ich natürlich Streicheleinheiten und Mampf.

Bullige Grüße

Mit bulligen Grüßen verabschiede ich mich meistens auf meiner Seite von euch. So wird es auch hier langsam Zeit, mich zu verabschieden. Ich habe mich und meine Menschen nun weiter geoutet und euch ein Stück weit an meiner bullytastischen Welt teilhaben lassen. Ich hoffe es war die Zeit, die ihr euch genommen habt wert und ihr verfolgt meine Abenteuer weiterhin. Denn ich lasse euch gerne teilhaben und zeige euch die Welt mit meinen Augen. So wie ich sie meinen Menschen zeige. Manchmal ist es nämlich besser in der Gegenwart zu leben als ständig in die Vergangenheit zu schauen und sich mit Dingen zu beschäftigen, die man sowieso nicht mehr ändern kann.

Natürlich sollte man Ziele, Wünsche und Träume haben, aber wenn man nur mit den Gedanken in der Zukunft ist, verpasst man den Weg dorthin und die vielen wunderbaren Erlebnisse. Diese müssen nicht groß sein, im Gegenteil, meist sind die kleinen Dinge zauberhaft, wenn man ihnen die Möglichkeit dazu gibt.

Es muss nicht laut sein, oftmals überhört man die Stille, die einem so guttut. Es kommt auf die Perspektive an und ob man bereit ist, sie zu wechseln. Nebel kann eben auch wunderschön sein, wenn man ihn von außen betrachtet.

Es muss nichts Neues sein, Beständigkeit gibt Sicherheit und Vertrauen. Doch es kann etwas Neues sein, nur so entwickelt man sich weiter und darf erfahren, was man bisher nicht kannte. Hört auf euch und tut, was euch guttut. Meidet was euch stört, auf welche Art auch immer. Stellt euch vor, ihr hättet so ein kurzes Leben wie ich. Würdet ihr nicht alles mitnehmen wollen, alles genießen wollen und alles spüren wollen.

Meine Menschen hören und lesen fast täglich von geliebten Tieren, die über die Regenbogenbrücke gegangen sind. Frauchen sagt immer, wenn ich einmal gehen müsste, wüsste sie nicht wie sie damit umgehen würde. Aber sie wüsste, was für ein tolles Leben ich hatte und wie glücklich ich war. Wir würden ein letztes Mal ans Meer fahren und ich dürfte alles futtern, was mir bisher verwehrt blieb. Ich sehe das genauso, doch bis dahin ist noch viel Zeit. Wer so robust, kerngesund, dickköpfig und zäh ist wie ich, hält sich lange. Bis dahin sind meine Menschen einfach dankbar für das was wir haben, am meisten dafür, dass wir uns haben.

Auch wenn in unserem Leben nicht immer die Sonne scheint und es keine Kleeblätter regnet. Aber darum geht es, auch wenn es wolkig oder gar stürmisch ist, hat es immer etwas Gutes. Man muss es nur sehen wollen, dann kann man weiter machen und sich sein Glück erarbeiten. Leider geht es nicht allen so bullytastisch wie uns. Ihr habt ja sicherlich schon mitbekommen, dass meine Menschen verschiedene Tierschutz Projekte unterstützen. Sie sagen, sie können nicht allen helfen, aber sie können die Menschen ein wenig unterstützen, die es tun. Ich finde das natürlich klasse, denn nicht allen Wuffis geht es so gut wie mir. Klar, ich bin eigentlich ein ganz armer Hund, bekomme nie Streicheleinheiten, Mampf oder Aufmerksamkeit, das habt ihr ja sicherlich schon mitbekommen, aber ich will mich nicht beschweren. Nein im Ernst, ich helfe meinen Menschen dabei gerne und sammle Bullytaler. Da ist es klaro Ehrensache, dass ich mit meinem Buch auch Bullytaschengeld bekomme, welches ich spenden kann. Also herzlichen Glückwunsch, ob ihr es wolltet oder nicht, mit dem Erwerb dieses Buches, habt ihr ausgewählte Tierschutzprojekte unterstützt. Natürlich auch mit Frauchens Buch „Neustart", soviel Eigenwerbung innerhalb der Familie ist erlaubt.

Falls ihr noch ein paar Rechtschreibfehler gefunden haben solltet, ein Bully ist eben kein Professor. Außer bei Futterwissenschaften, da könnte man mir einen entsprechenden Mampftitel verleihen. Ich freue mich, euch auch zukünftig weiterhin in dem Internetdings aus meinem Leben zu berichten. Natürlich gibt es dann, wie bisher auch, die passenden Beweisvideos und Bilder von meinem Paparazzi-Frauchen. Ich freue mich auch über euer Feedback über mein Bully- Lexikon. Aber denkt dran, wer lieb ist, bekommt einen Bullyknutscha und wer was Böses schreibt, bekommt einen Bullypups. Das soll nicht beeinflussend sein, aber überlegt es euch.

Ich wünsche euch eine bullytastische Zeit, lasst es euch gut gehen.

Bullige Grüße

Euer Bruno